Arthur Cohn

Der Mann mit den Träumen

©1999 Buchverlag der Basler Zeitung, Basel
Alle Rechte vorbehalten
Haupttext: -minu (Hanspeter Hammel, Basel)
Titelfoto: Michel Comte/Büro Albers, Zürich
Fotos: Lillian Birnbaum, Peter C. Borsari,
Berliner Studios, Michael Goldmann
Gestaltung und Satz: Micha Lotrovsky, Therwil
Lithos: B & M, Bertschi und Messmer, Basel
Druck: Basler Zeitung, Basel
ISBN 3-85815-341-9

-minu

Arthur Cohn

Der Mann mit den Träumen

Mit einem Vorwort
von Johannes Mario Simmel

Buchverlag der Basler Zeitung

Inhalt

Seine Träume
sind unsere Träume

Von Johannes Mario Simmel

«Wir sind von solchem Stoff wie Träume sind», sagt Prospero in Shakespeares «Sturm». Aus welchem Stoff sind die Träume Arthur Cohns? Aus welchen Träumen entstehen seine Filme? Warum bewegen diese Filme uns so sehr, lassen uns lachen und weinen, glücklich, nachdenklich, voller Hoffnung sein? Warum fühlen wir so sehr mit seinen Gestalten, freuen uns mit ihnen, trauern mit ihnen? Why are we immediately rooting for them? Warum sind wir stets sogleich wie mit Wurzeln verbunden mit ihnen?

Warum?

Ich denke, weil Arthur Cohns Träume *unsere* Träume sind, denn wovon träumen die meisten von uns? Davon, nicht einsam und allein zu sein. Nicht arm und hilflos. Zu lieben und geliebt zu werden. Von Glück träumen wir, von Gerechtig-keit, aber auch von Verfolgung und Gefangenschaft. Vom Grauen des Krieges und – wiederum Shakespeare, diesmal «King John» – «Of Smiling Peace», vom holden Frieden. Vom Alter träumen wir, vom Tod, von der Zeit, in der wir Kinder waren, von den Abertausenden Kindern, die täglich weltweit sterben an Krankheit und Hunger, von der mörderischen Ungerechtigkeit allerorten, gegen die wir nichts tun können, weil wir ohne das kleinste bisschen Macht sind.

Von all dem träumt auch Arthur Cohn – aber er macht aus seinen Träumen Filme, die uns neuen Mut und neue Hoffnung bringen, Tränen des Glücks und Perlen des Lachens und neue Kraft, dieses Leben zu ertragen, das es nicht wert ist, von der Sonne gewärmt und vom Wind gepeitscht zu werden, und an dem wir doch – seltsam, nicht? – hängen mit jeder Faser unseres Herzens.

Es heisst, man gibt den Menschen nichts, wenn man sich selbst nicht gibt. Arthur Cohn verschenkt sich sein Leben lang an uns. Er liebt die Menschen. Er sagt, dass es wichtiger ist zu lieben, als geliebt zu werden. Er weiss, dass kein Mensch es erträgt, allein, vollkommen allein zu sein. (Mit Ausnahme der Heiligen. Und die finden es schwierig.)

Neue Kraft für das Leben durch Filme...

In «Central Station» sitzt Frau Dora, eine alte, ehemalige Lehrerin, Tag für Tag in der Halle des Hauptbahnhofes von Rio de Janeiro, denn sie kann etwas, das viele Millionen Menschen in Brasilien nicht können: Lesen und Schreiben. Und so kommen die Menschen, um Frau Dora Briefe zu diktieren, die unendlich wichtig sind für Absender und Empfänger in ihren Lebenshöllen.

«Jesus! Du bist das Schlimmste, was mir je passiert ist», diktiert die Arbeiterin Ana. Neben ihr steht ihr neunjähriger Sohn Josué. «Ich schreibe nur, weil Josué darum gebeten hat. Ich habe ihm gesagt, dass du nichts taugst, und trotzdem möchte er dich unbedingt kennenlernen. Er will zu dir kommen. Ich habe nächsten Monat Urlaub und könnte ihn begleiten. So würde ich endlich Moises und Isaias wiedersehen.» Das alles diktiert Ana der alten Lehrerin, der sie anvertraut: «Eigentlich liebe ich diesen Mistkerl noch immer!»

Nur noch zwei Minuten lang. Dann hat ein Autobus sie überfahren. Dann ist sie tot. Und der kleine Josué ist ganz allein.

Er ist verzweifelt. Er ist ausser sich. Er attackiert Frau Dora. Sie hat zwar Geld von seiner Mutter genommen, aber sie hat den Brief an seinen Vater, der hoch, hoch oben im Norden lebt, nicht abgeschickt!

Frau Dora versucht alles, um ihn zu beruhigen, um ihn loszuwerden. Ein Kind, das hat ihr gerade noch gefehlt! Zuletzt hasst sie ihn fast, und er hasst sie. Frau Dora bringt Josué in ein Heim, dessen Leiter sich angeblich bemühen, arme Kinder an Ehepaare im Ausland zu vermitteln. Doch dann findet Frau Dora heraus, dass man in diesem Heim nur deshalb immer neue Kinder braucht, um ihre Organe verkaufen zu können.

Nein, das ist zu entsetzlich! Frau Dora holt Josué gewaltsam zurück. Aber nun sind die Organhändler hinter ihr her, nun

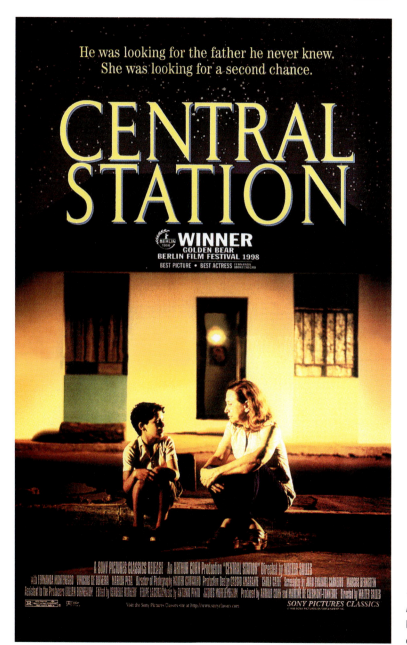

«Central Station»:
Mit diesem Plakat
kam der Film in
die Kinos der USA.

«Two Bits»: Gerlando
Barone in Arthur Cohns Film
mit Weltstar Al Pacino und
inszeniert von Regisseur
James Foley.

muss sie um ihr Leben fürchten, und darum beschliesst sie in ihrer Angst, mit dem verdammten Jungen hinauf in den Norden zu fahren, nur weg aus Rio, nur weg! Solcherart beginnt eine fast endlose Reise durch ein riesiges Land, und da geschieht viel Tragisches und viel Komisches, und zuletzt ist aus anfänglichem Hass Liebe geworden zwischen Josué und der alten Dora.

Fast alle Menschen in diesem Film «Central Station» (Regie: Walter Salles) sind Laien – Bauern, Arbeiter, arm, arm, arm, die Jungfrau Maria verehren sie, denn nur sie wird ihnen helfen, nur sie. Und, mein Gott, wie spielen diese Laien! Was für Gesichter haben sie! Der ganze Neorealismus Viscontis und Rossellinis lebt in diesem Film!

Zuletzt erreichen Dora und Josué ihr Ziel in einem Land ohne Strassen, das ausserhalb der Zeit zu liegen scheint – doch da ist kein Vater mehr, da sind nur noch die beiden Brüder Josués, Moises and Isaias. Viel älter als er sind sie, noch nie haben sie einander gesehen, Ana ging hier weg, als sie schwanger war.

Und obwohl nun diese schöne Liebe entstanden ist zwischen dem Jungen und der Alten (sie wird von Fernanda Montenegro gespielt, einer der grössten Schauspielerinnen Brasiliens), erkennt Dora, dass sie nicht an ihr Glück, sondern an das Josués denken muss, der viel besser mit seinen Brüdern leben wird als mit ihr, die am Ende ist. Und so geht sie nachts fort aus dem Haus, in dem die Drei schlafen. Wohin? Egal. Josué wird es gut haben, das weiss sie.

Wenn dieser Film zuende ist und die Lichter angehen im Kino, dann sitzen wir minutenlang reglos, bevor wir die Kraft haben, Beifall zu klatschen mit Tränen in den Augen, überwältigt von diesem filmgewordenen Traum.

Arme Leute und arme Kinder – immer wieder erzählt Arthur Cohn von ihnen.

In «Two Bits» (das ist eine 25-Cent Münze) liegt ein italienischer Grossvater im Sterben. Al Pacino spielt ihn. Einen 12-jährigen Enkel hat er, Gennaro heisst er im Film, Jerry Barone heisst er in Wirklichkeit, ein Strassenjunge war er, als Arthur Cohn ihn fand, ein wundervoller Schauspieler ist er in «Two Bits». Wir schreiben das Jahr 1930, und wir sind mitten drin im Elend der grossen amerikanischen Depression.

Gennaro liebt seinen Grossvater und wünscht dennoch inniglich seinen Tod, endlich, endlich seinen Tod herbei, denn nach Grossvaters Tod, das hat dieser versprochen, wird Gennaro von ihm *two bits*, 25 Cents erben. Das ist alles, was der Grossvater besitzt, doch mit diesen *two bits* kann Gennaro sich den wundervollsten Traum erfüllen, den er zu träumen vermag (Träume! Träume! Träume!): er wird in den neuen Kinopalast La Paloma gehen können, der heute eröffnet wird, ein altes Auto fährt unentwegt durch die Strassen und verkündet die Premiere und dass La Paloma auch eine ganz neue Klimaanlage hat.

Doch Stunde um Stunde vergeht – der Film spielt an einem einzigen Tag –, und der Grossvater stirbt nicht, stirbt einfach nicht. Er gibt Gennaro viel Weises mit auf den Lebensweg, und er sagt ihm, dass er vor dem Tod keine Angst haben muss, denn Gennaro wird gewiss, wie der Grossvater, in den Himmel kommen, «und weisst du, wenn du geboren wirst, fängt im Himmel Gott an, ein Haus für dich zu bauen, und jedesmal, wenn du etwas Gutes tust, kommt ein Ziegelstein dazu, und wenn du etwas Schlechtes tust, nimmt ER einen Ziegelstein weg. Und weil ich in meinem Leben mehr Gutes als Schlechtes getan habe, denke ich,

dass mein Haus vielleicht schon fertig ist.»

Und dann bittet der Grossvater Gennaro noch um Hilfe bei der Vergebung der einzigen Sünde, die er begangen hat, und der Junge erlebt, indem er diese Bitte erfüllt und zu einer alten Frau geht, Schreckliches und Herzbewegendes. Und am Abend dieses Tages, gerade noch rechtzeitig, stirbt der Grossvater, und Gennaro, der nun endlich, endlich die *two bits* besitzt, rennt so schnell er kann zu dem märchenhaften neuen Kinopalast, und unmittelbar, bevor er den Saal betritt, der hinter einem schweren Vorhang verborgen liegt, hört er die Stimme des Grossvaters, und die Stimme sagt: «He, kleiner Gennaro. Ich weiss jetzt, wie es hier aussieht, wo ich gelandet bin. Es sieht genau so aus wie im La Paloma!»

Und wieder sitzen wir mit nassen Augen da, wenn das Licht angeht.

Arthur Cohn weiss, dass das Wichtigste bei einem Film ein gutes Drehbuch ist. Manchmal dauert es viele Jahre, bevor er mit einem Script zufrieden ist. Und er arbeitet mit den besten Schauspielern und Drehbuchautoren und Kameraleuten und Cuttern und Technikern.

Und mit den besten Regisseuren!

© Keystone

Vittorio de Sica und
Sophia Loren.
Mit ihnen drehte
Arthur Cohn den Film
«La Sciosciara»
(«Sonnenblumen»).

So ist es nur natürlich, dass in einigen seiner besten Filme der grosse Vittorio de Sica Regie führte, denn De Sica war ein gütiger Vater im Geist Arthur Cohns, er hatte die gleichen Träume von Armut und Leid, und auch er wusste, dass man lieben muss. Man muss lieben.

In dem Film «A Brief Vacation» erzählen de Sica und Arthur Cohn die Ge-schichte einer geschundenen, von ihrer Familie und in ihrer Fabrik gnadenlos ausgebeuteten jungen Frau, die mit letzten Kräften versucht, ihre grosse Sippe, in der alle arbeitslos sind, durchzubringen und dafür wird sie von ihrem brutalen Mann oft auch noch zusammengeschlagen.

Eines Tages stellt der Werkarzt bei ihr Tuberkulose im Frühstadium fest, und das

Die Brasilianerin Florinda Bolkan wurde mit ihrer Rolle in «A Brief Vacation» weltweit ein Star.

arme Arbeitstier erhält «a brief vacation», um in ein Sanatorium in den Bergen fahren und die Krankheit heilen lassen zu können. Und sie wird gesund und erlebt Liebe und Glück mit einem Mann, der auch in dieses Sanatorium geschickt worden ist – oh, wie selig sind die beiden eine kleine, kleine Weile, denn dann hat der Schläger von Ehemann die junge Frau gefunden und holt sie zurück in die Stadt und in die Fabrik, auf dass sie alle, alle weiter ausbeuten können. Aber seht doch,

seht – auch die Ärmsten haben ihre Zeit des Glücks, ihre Zeit der Liebe!

Es *musste* so sein, dass Arthur Cohn und de Sica gemeinsam einen der grossartigsten Filme schufen, der jemals entstanden ist – «Il Giardino dei Finzi-Contini» («Die Gärten der Finzi-Contini»), basierend auf dem Roman Giorgio Bassanis. Dies ist die Geschichte von zwei jüdischen Familien unterschiedlichen Standes, die in Ferrara leben und verbunden sind durch die Liebe zweier junger Menschen, eine Liebe, die

Dominique Sanda und
Helmut Berger in
einer Szene des Films
«Il Giardino
dei Finzi-Contini»

«Women Times Seven»:
Starbesetzung mit
Shirley MacLaine, Vittorio
Gassman, Anita Ekberg
und Peter Sellers.

keine Erfüllung findet und mit der Verschickung von Mitgliedern beider Familien in die Konzentrationslager der Deutschen endet. Diese Historie der Liebe, des Schmerzes, der Verfolgung und Vernichtung von Menschen erzählen de Sica und Arthur Cohn so elegisch-leise und zugleich so eindringlich mit einer Traurigkeit, die sechstausend Jahre alt ist, dass niemand, der diesen Film sieht, ihn jemals vergessen kann.

Niemals vergessen, sagen Arthur Cohn und de Sica, dürfen wir das, was zur Zeit des Holocausts geschehen ist. *Niemals!* Sonst sind wir verflucht zu erleben, dass Ähnliches wieder geschieht.

Und darum verwirklicht Arthur Cohn auch den Dokumentarfilm «Final Solution» («Endlösung»), die Geschichte des grössten Verbrechens aller Zeiten – gezeigt anhand von authentischem Material aus 24 Archiven in aller Welt –, begangen von den grössten Verbrechern aller Zeiten. Dass es trotz allem jemals vergessen werden könnte, ist gleichfalls ein Traum Arthur Cohns, ein *Albtraum*.

Kein Mensch kann leben, ohne zu lachen, und darum produziert der Mann den Stoff, aus dem Träume sind – wieder mit de Sica als Regisseur – «Woman

Dreharbeiten in Genf: Arthur Cohn erklärt jungen Statisten die nächste Einstellung.

Times Seven», einen Film, für den der grosse Cesare Zavattini das Drehbuch schreibt und in dem eine absolut hinreissende Shirley MacLaine in sieben Episoden sieben verschiedenen Charaktere zeigt, die in jeder Frau schlummern.

«Dangerous Moves» bringt es fertig, aus dem Statischsten, was es gibt, nämlich Schach, einen atemberaubenden Polit-Thriller zu machen. Und dieser Film stellt uralte Clichés und Stereotypien auf den Kopf!

Aus der Sowjetunion kommt der russische Grossmeister (Michel Piccoli) mit seiner Frau (Leslie Caron) nach Genf zum Weltmeisterspiel mit dem Herausforderer, einem in der Schweiz lebenden Dissidenten (Alexandre Arbatt). Und siehe, der Russe ist von ergreifender Menschlichkeit, der Dissident ohne die Ideale, die er zu haben vorgab, und eigentlich nur interessiert am Preisgeld und nicht einmal an seiner Liebe (Liv Ullmann), die seinetwegen so viel erleiden musste in der

Sowjetunion und ihm nachgeschickt wird aus politischem Kalkül.

Genial auch der Schluss des Films: Der Russe bricht zusammen, muss ins Krankenhaus. Und noch an seinem Sterbebett spielen er und der Dissident – ohne Brett – Schach, Körper gegen Geist, und wir erfahren nicht mehr, wer und ob überhaupt noch einer von beiden gewinnt…

«Sky Above, Mud Below» war Arthur Cohns erster Film: Eine Gruppe von Wissenschaftlern fliegt nach Neu-Guinea, einer Insel, zweimal so gross wie Frankreich, auf welcher die Menschen noch wie in der Steinzeit leben. Aus der Expedition wird ein phantastisches, gefährliches Abenteuer. (Drei Techniker starben bei den Dreharbeiten.) Die Menschen, die hier leben, haben noch niemals ein Flugzeug gesehen, niemals ein Auto besessen, sie wissen nicht, was das ist; Fernsehen – unbekannt; Kühlschrank – unbekannt; elektrisch Kochen – unbekannt. Alles aus unserer herrlichen Zivilisation ist ihnen unbekannt, alles! Und die Besucher erkennen staunend: Diese Menschen der Steinzeit sind glücklich, viel glücklicher aus ihren Herzen heraus als sie, die zu jener Welt gehören, in der es alles, alles gibt.

Dieser Film unterstützt nicht den Idiotenslogan: Arm, aber glücklich. Nein, dieser Film zeigt, dass der moderne Luxus, an den wir gewöhnt sind, für unser wirkliches Glück und unsere Herzen ohne jede Bedeutung ist.

«Black and White in Color», ein Antikriegsfilm vor ungewöhnlichem Hintergrund. Eine Handvoll französischer Siedler, bislang in gutem Einvernehmen mit dem deutschen Kolonialnachbarn lebend, erfährt 1915 zufällig vom Krieg in Europa und beeilt sich, der Kriegsverpflichtung auch im tiefsten Afrika nachzukommen, bis dieser groteske Lokalkrieg durch die Briten beendet wird. Hier hat Arthur Cohn mit Regisseur Jean-Jacques Annaud eine herrlich satirische Studie über die Beiläufigkeit von «Gegnerschaft» und über die Dummheit und Mechanismen des Kolonialismus geschaffen.

«White Lies» ist Arthur Cohns Film über Rassenhass und Rassendünkel, in origineller Weise seitenverkehrt: Eine Weisse und ein Schwarzer lieben einander in New York, und der Schwarze hat zum Verzweifeln grosse Schwierigkeiten bei dem Versuch, für seine weisse Liebe Anerkennung, ja Duldung und gar Sympathie in der Welt der Schwarzen zu gewinnen.

«Black and White in
Color»:
Der erste Spielfilm des
Regisseurs
Jean-Jacques Annaud.

Und – fast hätte ich geschrieben: selbstverständlich – wieder unter der Regie de Sicas entsteht mit Arthur Cohn und Carlo Ponti als Produzenten der grandiose Film «La Sciosciara» («Sonnenblumen»). Sophia Loren und Marcello Mastroianni spielen die Hauptrollen. Die beiden – wieder kleine Leute, arme Leute! – lieben einander so sehr man nur lieben kann (Liebe! Liebe! Liebe!) und heiraten in Neapel. Dann muss er als Soldat in den verfluchten Nazikrieg und in die Sowjetunion.

Nach Kriegsende kommt er nicht zurück. Fünfzehn Jahre lang wartet Sophia auf Marcello, denn sie ist davon überzeugt, dass er noch lebt. Dann erträgt sie das Warten nicht mehr und bricht auf, um ihn zu suchen in dem grossen Russenland.

Und sie findet ihn!

Und er ist verheiratet mit einer Russin, Mascia heisst sie im Film, und die beiden haben ein kleines Mädchen, Valentina. Und Sophia erfährt, dass Mascia im Krieg den beinahe schon erfrorenen Marcello in einer Schneewüste gefunden und ihm das Leben gerettet hat. Verzweifelt kehrt sie heim nach Italien. Marcello, gleichfalls verzweifelt, folgt ihr zuletzt – doch da hat Sophia bereits einen anderen Mann und ein Baby von ihm. Und so fährt Marcello zurück zu Mascia und der kleinen Valentina in das Land mit den schier endlos grossen Feldern voller Sonnenblumen, unter denen, wie eine Bäuerin erzählt hat, unzählig viele Tote liegen. Und verflucht auch, wenn ihr *das* je vergesst!

Und hier muss noch «American Dream» genannt werden, Arthur Cohns mutigster Film, der einer griechischen Tragödie gleicht, erfüllt von Not und Schuld, Leid und Verrat. «American Dream» (Regie: Barbara Kopple) hat mich von allen Arthur Cohn-Produktionen ganz besonders erschüttert, weil hier konsequent und unbeirrbar und mit grösstem Engagement eine schlimme Wahrheit erzählt wird, die mich absolut überwältigt hat. Die Zeit: die 80er Jahre. Der Ort: die kleine Stadt Austin im US-Bundesstaat Minnesota. Die Personen: ausnahmslos Laien, kein einziger Schauspieler. Die Handlung: Alle in Austin arbeiten bei – oder sind direkt oder indirekt abhängig von – dem Fleischkonservenwerk Hormel. (Jahresgewinn: 29.5 Millionen Dollar. Arbeiterlohn: zwischen 8.25 und 10.69 Dollar pro Stunde.) Gegen diese Ausbeutung bietet die Gewerkschaft Hilfe an, mehr: drängt den Menschen ihre Hilfe auf. Alle Verhandlungen mit Hormel scheitern. Die Gewerkschaft ruft den Streik aus. Hormel antwortet mit Aussperrung und Entlassung. Andere arme Menschen, die bereit sind, für fast jeden Lohn zu schuften, stehen als Ersatz zur Verfügung. Gegen erste Unruhen werden Truppen der National Guard eingesetzt.

«Krieg!» sagt einer. «Streik ist Krieg!»

Viele wollen der Gewerkschaft nicht länger folgen und trotz allem weiterarbeiten, denn sie haben hungrige Kinder und Frauen und Schulden.

«Die Stadt», sagt ein anderer, «ist geteilt. Der Riss geht durch die Familien. Bruder gegen Bruder!»

Weiter streiken! befiehlt die Gewerkschaft. Weiter! Weiter! Nach mehr als zwei Jahren Auseinandersetzung sind die Elenden noch elender, viele Existenzen vernichtet.

Und da geschieht das Ungeheuerliche: Die Gewerkschaft erklärt den Streik für beendet. Sie lässt jene, die sie zum Kampf

AMERICAN

DREAM

"Passionate, complex....the film speaks to every kind of moviegoer and became the first-ever to win three prizes at Park City."
— Sheila Benson, THE LOS ANGELES TIMES

"Equally involving as 'Roger & Me'."
— VARIETY

"Ms. Kopple's stirring, forthright film captures an American town, the strength of its traditions and the deep and permanent ways in which those traditions can be destroyed. Her work is as important as it is good."
— Janet Maslin, THE NEW YORK TIMES

"One of the 10 best films of 1990."
— VILLAGE VOICE

"Compulsive viewing."
— THE HOLLYWOOD REPORTER

Unvergessen: Audrey Hepburn, die mit Arthur Cohn eine herzliche Freundschaft verband.

Erinnerung an die Premiere von «Il Giardino dei Finzi-Contini» in Rom: Omar Sharif beim festlichen Empfang.

aufrief, allein. Sie verrät alle, die ihr vertrauten.

Hormels Gewinn steigt und steigt. Das Werk wird an ein (angeblich) anderes vermietet. Und der Lohn von einmal 10.69 Dollar beträgt nun 6.50 Dollar pro Stunde.

Dies waren einige von Arthur Cohns Träumen, die er zu Filmen werden liess, für die er höchste Ehrungen und Auszeichnungen erhielt. Es gibt andere, er bereitet neue vor, und ganz gewiss wird dieser Mann stets viel mehr Träume haben, als er in Filme verwandeln kann.

Nach einer alten chassidischen Legende gibt es, seit die Welt besteht, Gerechte und Ungerechte auf ihr, manchmal mehr Gerechte, manchmal weniger. Immer aber, auch in den schlimmsten Zeiten, gibt es mindestens sechsunddreissig von ihnen. Es muss sie geben, sonst könnte die Welt keinen einzigen Tag weiterbestehen und würde untergehen wegen unser aller Schuld.

Die Sechsunddreissig sind nicht durch Rang oder Stellung gezeichnet. Sie kennen einander nicht, und sie kennen ihr Geheimnis nicht. Und dennoch sind sie es, die jeden Tag aufs Neue die Welt retten.

Ich weiss, dass Arthur Cohn einer von jenen Sechsunddreissig ist.

Wie man einen Oscar-Preisträger entdeckt

Der grossen «Entdeckung» war ein kleines Telefongespräch mit einem Lokal-Redaktor vorangegangen: «Da hat irgend ein Basler einen Oscar gewonnen. Vielleicht solltest du den Mann mal interviewen – wäre doch etwas für die Spalte ‹Personen›. Und schlimmstenfalls halt für den Klatsch…»

Der «Fall» wurde ein Glücksfall – die Begegnung mit Arthur Cohn. Die Begegnung mit einem Menschen, bei dem das Wort MENSCH noch gross geschrieben wird. Die Begegnung mit einem Mann, von dem viele neidlos sagen: «So wie er, kann keiner Freundschaft pflegen. Er nimmt sich nicht nur Zeit für seine Filme – er nimmt sich dieselbe Zeit auch für die Menschen…»

Wer seine Zeit den andern schenkt, hat kaum Stunden übrig, an seinem Ego rumzupolieren. Oder Werbekampagnen pro nomine suo zu konzipieren. So ist es auch nicht verwunderlich, dass bereits 14 Tage vergangen waren, seit Cohn die goldfunkelnde Statuette für seinen Film «Dangerous Moves» überreicht bekommen hatte, und hierzulande hatte kaum einer davon Notiz genommen. Ja, es schien gar,

dass die Zürcher Film-Lobby leicht pikiert über die Auszeichnung reagierte: «Cohn hat zwar Annaud und Dembo entdeckt. Doch ein französischer Regisseur macht keinen Schweizer Film, auch wenn er bei uns gedreht wurde».

Die einzigen, die sich über den Oscar wirklich freuten, waren das Filmamt von Bern – und der damalige Bundesrat Kurt Furgler, der ihm bereits eine Stunde nach der Verleihung ein Glückwunsch-Telegramm schickte.

Auch ich hatte noch nie etwas von Cohn gehört. Natürlich wusste ich, was ein Oscar war – hatte aber keine Ahnung, wer Arthur ist…

Wir vereinbarten ein Interview in der Kunsthalle. «Herr Cohn fliegt von Los Angeles nach Basel – er kommt auf dem direkten Weg vom Flugplatz ins Re-

Arthur Cohn in seiner
Heimatstadt: Ein Pendler
zwischen Basel…

…und Hollywood.
Ein Pendler zwischen zwei
Welten.

staurant», gab sein Büro durch. Ich wappnete mich auf Primadonnen-Allüren, Flugverspätungen, kapriziöse Hollywood-Launen – pünktlich erschien jedoch ein Wuschelkopf unter der Türe. Segelte etwas linkisch auf meinen Tisch zu. Und stellte sich dann mit einer belegten Stimme vor, die eigentlich sein Markenzeichen ist. Und die keinen täuschen sollte: Arthur Cohn ist bescheiden, aber nicht schüchtern. Er ist ein Einzelgänger, der aber ganz genau weiss, was er will.

Immerhin war's der erste Oscar-Preisträger, dem ich begegnet bin – vier Oscars, ein Cohn: «Wie kommt's, dass man Sie hier kaum zur Kenntnis nimmt?»

Er lächelte dieses Lächeln, von dem Faye Dunaway in einem Interview schwärmte: «Seine Augen sind wie eine Brise Wüstenwind...».

«Der Schweizer hat Mühe mit allem, was übers Mittelmass hinauswächst. Er wird skeptisch, manchmal fast bockig – *ein* Oscar ginge ja noch hin. Aber *vier* sind dem Eidgenossen zu verrückt, zu exotisch...»

Heute sind's fünf. Das ist einmalig in der Geschichte des Oscars. Und wie wir Arthur Cohn kennen, macht er vor dem halben Dutzend nicht halt. Sein Name öffnet in den Staaten Türen, eist selbst dort noch Theaterplätze los, wo die Billette für Monate «sold out» sind – es gibt keinen US-Präsidenten in den letzten zwei Jahrzehnten, der Cohn nicht empfangen hätte. Es gibt kaum einen der grossen Stars, für dessen Geburtstagsfeier er nicht die Gastrede gehalten hätte. Und es gibt wohl nur wenige US-TV-Sender, die Cohn nicht schon zu dem «Geheimnis seines Oscar-Sammelerfolgs» interviewt haben. In der Schweiz aber herrschte bis vor wenigen Jahren noch ratloses Kopfschütteln: «Filmproduzent Cohn? – Wer ist das?...»

Natürlich ist Cohn nicht unschuldig an dieser Situation. Die Schweiz war für ihn stets das «Heimkommen», das «sich zurückziehen.» Zwar sind hier die Drehbücher zu seinen preisgekrönten Filmen von ihm x-mal überarbeitet worden. Von

Arthur Cohn ist stets bemüht, einem Stoff Ausdruck, Verstand und Seele zu geben und etwas Denkwürdiges zu hinterlassen.

«New York Times»

Basel aus wurden alle Fäden gesponnen – aber Basel war für ihn in erster Linie der Ort seiner Wurzeln. Das betont er immer wieder. Und auch, wie sehr er es eigentlich schätze, hier nicht von Neugierigen behelligt oder von Reportern belagert zu werden. Trotzdem ist es gerade diese Liebe zu Basel, die er in seinen Reden und Interviews in aller Welt immer wieder betont. Hier ist er als Sohn eines hochangesehenen Anwalts und einer literarisch begabten Mutter, die für das Cabaret Cornichon textete, aufgewachsen. Hier hat er das Real-Gymnasium besucht und Jura studiert. Hier hat er auch seinen Weg als Journalist begonnen, hat Fussballberichte über den FC Basel geschrieben – er ist bis heute einer der treusten Fans dieses Clubs geblieben. Aus dem fernen Los Angeles informiert er sich jeden Sonntag via Telefon 164 über das Resultat «seines» FCB.

Seine Loyalität gegenüber seinen Eltern ist zum Credo geworden: «Sie haben mir Wurzeln und Flügel mitgegeben – die Wurzeln mit ihrer Geschichte, ihrer Familie und Kultur, ihrer Religion und dem Erbe, das sie mir vermittelt haben. Die Flügel aber schenkten sie mir, damit ich ausfliegen und durch eigene Leistung unabhängig werden konnte...»

Arthur Cohn ist von der Schweiz und Basel spät «entdeckt» worden. Erst in den letzten Jahren wurden die Medien auch hier auf «das stille Filmwunder» aufmerksam. Plötzlich war's aus mit der Basel-Idylle. Helvetien war stolz, einen fünffachen Oscar-Preisträger vorzeigen zu können – der Mythos um den Filmproduzenten wuchs auch hier. Heute sind die Open-Air-Filmvorführungen auf dem Basler Münsterplatz ohne die legendären Cohn'schen Dernières gar nicht mehr vorstellbar. Hier, mitten in einer verzauberten Umgebung und idyllischem Ambiente schliesst Basel seinen «Film-Sommer» unter freiem Himmel mit einem Cohn-Werk ab. Nicht nur, dass die Streifen immer wieder die Menschen faszinieren – Cohn versteht es auch, die Open-Air-Abende meisterhaft zu inszenieren. Und daraus eine unvergessliche Kino-Nacht zu machen...

Ich hatte das Glück, Arthur Cohn auf verschiedenen entscheidenden Stationen begleiten zu dürfen. Mich faszinierte da nicht nur seine ungewöhnliche Art, Filme zu machen, sein Einfühlungsvermögen auf dem Set und seine unglaubliche Begabung, warten zu können, «bis die Dinge so sind, dass ich weiss, jetzt ist es

Wo immer Arthur Cohns
Filme Premiere haben,
geben sich Prominente ein
Stelldichein. Im Bild mit
Anne-Sophie Mutter.

gut und man kann's nicht besser machen...»

Arthur Cohn faszinierte mich als Mensch – denn auch hier ist er ein Einzelgänger, ein Stück Menschlichkeit in einem materialistischen Business, das allzuoft nur Zahlen kennt. Er leistet sich den grössten Luxus, den man im sogenannten Jet-Set oft vergebens sucht: den Luxus der Freundschaft. Und: den Luxus, für den andern da zu sein. So betrachtet sind die folgenden Berichte nicht einfach Reportagen über Karriere-Marksteine eines Filmproduzenten – sondern sie sollen vor allem den Menschen Arthur Cohn zeichnen.

Über ihn gibt es so viel zu schreiben – und es gäbe noch viel mehr zu schreiben. Wir haben die private Sphäre von Arthur Cohn ganz bewusst und vollständig ausgeklammert.

Arthur Cohn ist ein Produzent mit immer neuen Ideen. Jeder Film von ihm ist ein Teil von ihm selbst.

«The Hollywood Reporter»

Die nachfolgenden Reportagen und Glossen aus Arthur Cohns Filmwelt sind in loser Folge und mit längeren zeitlichen Abständen in der «Basler Zeitung» erschienen. Arthur Cohns Erfolge und die ihm zuteil gewordenen Ehrungen, Erlebnisse bei Dreharbeiten und Premieren – das allein ist ein heiter-amüsanter Lesestoff, dem hoffentlich in Zukunft viele weitere Berichte über neue Filme und neue Träume folgen werden.

So sieht also
ein Oscar-Preisträger aus?

Er fährt bei der Kunsthalle vor: nachtblauer Blazer, korrekter Krawattenknopf – schüchterne Augen. Das ist also der Mann, von dem die Douglas-Familie in Hollywood als «our best friend» schwärmt.

Arthur Cohn ist in Basel geboren, hat hier die Matur gemacht und später als Lokal-Reporter bei Fritz Matzinger in der «National-Zeitung», aber auch als Korrespondent für das «Echo der Zeit» gearbeitet. Dank Vater Ceppi, dem Inhaber des Kinos Küchlin, wurde sein Filminteresse geweckt: «Ich schnitt ihm wöchentlich sämtliche Küchlin-Kritiken aus. Und er schenkte mir vier Freibillette dafür...»

Mit Shirley McLaine in Hollywood: eine Freundschaft mit langer Tradition.

Als blutjunger Mann hat er sein erstes Drehbuch verfasst – und den Warner Brothers geschickt. Titel: «Am Leben vorbei...» Es kam postwendend zurück. Mit der lakonischen Kritik: «Am Film vorbei...»

Er hat sich nicht entmutigen lassen, aber schnell eingesehen, dass es sinnvoller ist, Drehbücher in Auftrag zu geben und ihre Entwicklung in allen Einzelheiten zu überwachen. «Ich rechne für ein Drehbuch zwei bis drei Jahre. Ich höre nie auf, bis etwas wirklich perfekt ist. Da bin ich andern Filmemachern gegenüber im Vorteil. Die sind unter Abgabe- und Zeitdruck. Ich aber sage mir immer, ein Werk muss so perfekt sein, dass man auch nach einigen Jahren im Rückblick nichts daran verbessern kann...»

«Ich bin ein Pendler zwischen Basel und Hollywood – ein Pendler zwischen zwei Welten», erklärt der Oscarpreisträger mit dem ewig schüchternen Lächeln – ein Lächeln, das ihm auf dem Film-Set den Namen «Mister Sunshine» eingebracht hat.

Oscar ist der Nobelpreis der Filmschaffenden

Immer im März findet in Los Angeles das grösste Ereignis der Saison statt: die Oscar-Verleihung. Wochenlang vorher fiebert die Filmwelt auf dieses Happening hin – Wetten werden abgeschlossen und die Fernsehstationen kennen kaum mehr ein anderes Thema als «The Oscar goes to...»

Wie fühlt man sich eigentlich, wenn man für einen Film nominiert ist? Wie ist die Enttäuschung, wenn der Name dann, nachdem das Couvert geöffnet wurde, ein anderer ist? Wie laufen überhaupt die Mechanismen vor der Verleihung? Kurz: wie gewinnt man einen Oscar?

In einem Interview führte uns Arthur Cohn in die Gefühle eines Nominierten und Oscar-Gewinners ein...

In Hollywood ist es die Nacht der Nächte. Über anderthalb Milliarden (!) TV-Zuschauer schauen sich die Gala live am Kasten an. Bereits 24 Stunden vor der Verleihung warten Tausende von Menschen mit Schlafsäcken an der Strasse, die zum Dorothy Chandler Pavillon führt – sie können die Oscar-Verleihung zwar nicht auf einem der 3100 Theatersessel im Pavillon erleben, wollen aber dennoch live dabeisein. Sie dürfen den Nominierten, die jeweils auf einer Bühne vor dem Eingang dem Strassenpublikum vorgestellt werden, zujubeln und so einen Hauch von «Oscar live» einatmen.

5773 Mitglieder der «Academy of Motion Picture Arts and Sciences» wählen. Immer die besten fünf werden «nominiert» und eine Nomination gilt bereits als Sensation.

Für den in Neu Guinea gedrehten Film «Le Ciel et la Boue» («Sky Above, Mud Below») hat Arthur Cohn erstmals das begehrte Telegramm der Academy erhalten. «Das ist, auf eine ganz besondere Weise, ein unbeschreiblicher Augenblick. Man steht da, und es befällt einen eine Mischung aus nie gekannter Freude und nie gekannter Angst. Wochenlang wacht man mit der Frage auf, wie sich die Mitglieder

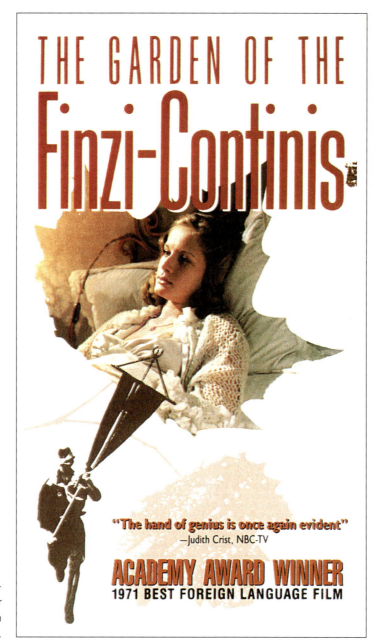

Zählt zu den eindrück-
lichsten Produktionen der
Filmgeschichte: «Die Gärten
der Finzi-Contini».

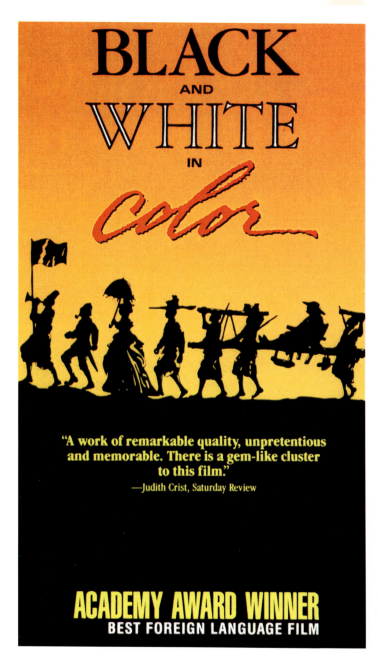

«Black and White in Color» – mit diesem Film begründet Arthur Cohn die Regiekarriere von Jean-Jacques Annaud.

"THE THINKING MAN'S ROCKY IV."
Barry Norman, B.B.C.

"CHIC, VIGOROUS ENTERTAINMENT."
Richard Corliss, Time Magazine

"ANOTHER WINNER FOR A MAVERICK PRODUCER."
Annette Insdorf, New York Times

Dangerous Moves

ACADEMY AWARD WINNER
BEST FOREIGN FILM

AN ARTHUR COHN PRODUCTION
MICHEL PICCOLI   LIV ULLMANN   LESLIE CARON   ALEXANDRE ARBATT
Director of Photography RAOUL COUTARD
Directed by RICHARD DEMBO

«Dangerous Moves» – «The Thinking Man's Rocky» schrieb der Filmkritiker der BBC.

Mit Faye Dunaway
an der Oscar-Nacht.

der Academy wohl entscheiden werden…»

Mit dieser Frage müssen alle Nominierten fünf Wochen vor dem Oscar-Abend leben. Die einen starten nun immense Inserate und Propaganda-Kampagnen, um die Akademie-Mitglieder auf sich und ihren Film aufmerksam zu machen…

Arthur Cohn ging hier stets den anderen Weg: «Ich glaube, dass solche Propagandafeldzüge kontraproduktiv wirken. Irgendwie wollen und sollen die Akademie-Mitglieder das Gefühl haben, frei entscheiden zu können. Sie sollen die Möglichkeit haben, mit ihrer Auszeichnung auf einen Film, der vielleicht ein Aussenseiter ist, aufmerksam zu machen und es diesem Film so zu erleichtern, internationale Aufmerksamkeit zu finden…»

Der Produzent erinnert sich an seine zweite Nominierung: «De Sica und ich hatten entgegen allen Ratschlägen einen subtilen Film zu einer überaus schwierigen Thematik gedreht – ‹Die Gärten der

Fröhlich, ungezwungen,
intelligent und spontan:
Claudia Schiffer.

Finzi-Contini›. In Europa fand die Produktion kaum Beachtung, bis sie in Hollywood nominiert wurde. Mehr noch: Sie wurde als bester ausländischer Film mit dem Oscar ausgezeichnet. Heute gilt der mit Abstand am meisten dekorierte Film der italienischen Filmgeschichte als Filmklassiker – aber ohne den Oscar, oder eben: ohne die Mitglieder der Academy, hätte der Film nie Geschichte gemacht, wäre in den meisten Ländern einfach ignoriert worden…»

Die Akademie-Mitglieder geben ihre Stimmen an ein Treuhandbüro ab. Hier werden diese «Votes» von nur zwei Personen sortiert und notiert. So kommt es, dass lediglich zwei Leute auf der ganzen Welt vor dem grossen Ereignis, wo das

Briefcouvert mit dem Namen des Gewinners aufgerissen wird, wissen, wer einen Oscar bekommt. Dieses Geheimnis gibt der grossen Gala-Show das gewisse Etwas, das Prickelnde – denn: «...selbstverständlich fahren alle fünf Nominierten hin. Wenn aber jemand zum vornherein wüsste, dass er nicht gewinnen wird, käme er bestimmt nicht. Überdies gibt es dem Fernsehen die einmalige Möglichkeit zu einer Moment-Aufnahme während des Couvert-Öffnens. Die Kameras schwenken dann auf die fünf Nominierten zu. Auf dem Bildschirm zeigt sich ein strahlender Gewinner – und vier Verlierer, für welche so ein Moment tiefste Enttäuschung bedeutet. Sie werden unterschiedlich damit fertig – zumal jedem von ihnen vorher auf allen Parties erklärt wurde: «Du gewinnst..., du gewinnst ganz bestimmt...»

Arthur Cohn erinnert sich an seinen dritten Oscar, als die Wetten in Las Vegas 700:1 gegen ihn standen: «Ich war mit ‹Black and White in Color› sozusagen chancenlos. Da galt ‹Cousin/Cousine› mit Marie-Christine Barrault als Spitzenreiter – überdies waren noch die ‹Seven Beauties› von Lina Wertmüller gross im Rennen. Natürlich traf man an Parties immer wieder mit anderen Nominierten zusammen. Die französische Schauspielerin war siegesbewusst – mein Film galt als krasser Aussenseiter. Kaum ein Mensch wettete auf mich. So konnte sie es sich leisten, nett zu mir zu sein. Und mit mir zu flirten. Doch es kam anders: Mein Film gewann den Oscar, und als ich Stunden später im Lift des Beverly Hills Hotels auf Marie-Christine Barrault stiess, da hat sie, die leer ausgegangen war, mich in ihrer Wut angespuckt...»

Es gibt auch gute Verlierer: «Liv Ullmann war klarer Favorit für Ingmar Bergmans ‹Face to Face›. Reiste mit der ganzen Familie aus Oslo an, aber sie hatte die Akademie-Juroren nicht auf ihrer Seite. Be-

©A.M.P.A.S.

vor sie jedoch am frühen Morgen wieder zurückflog, kam sie noch rasch in meinem Hotel vorbei, um mir persönlich einen Brief abzugeben. Darin schrieb sie mir, wie sehr sie sich über meinen Oscar gefreut hat...»

Zurück zum Oscar – man ist also nominiert, wird während fünf Wochen an den wichtigsten Einladungen in Los Angeles «herumgeboten», bekommt am grossen Tag eine Limousine mit Chauffeur zur Verfügung gestellt und fährt um vier Uhr nachmittags zur Preisverleihung. Die Medienvertreter werden dort in drei Abteilungen eingeteilt: Presse, TV, Radio. Zugelassen sind von jeder Sparte 700 Journalisten – die Preisträger geben also drei Interviews (einmal Radio, einmal Fernsehen und einmal Zeitung) und stehen den 2100 Medienleuten Rede und Antwort.

Wie schnell Fernsehen und Technik heute sind, hat der Produzent beim Erhalten seines vierten Oscars (für «Dangerous Moves») erfahren: «Die Verleihung des Oscars für den besten ausländischen Film findet in der Mitte der Veranstaltung statt. Es bleibt also noch eine gute Stunde bis zum Schluss. Als ich dann zum Ausgang kam, rannten mir bereits Portiers mit

Silbertabletts entgegen. Darauf lagen vier Glückwunschtelegramme: eines vom Berater von König Fahd aus Riad, eines aus Singapur (von einem Stadtführer, der mich dort betreut hatte), eines aus Neuseeland (vom Enkel des früheren Basler Ständerates Gustav Wenk), eines von Bundesrat Kurt Furgler... dies alles eine Stunde nach der Preisverleihung...»

Der Moment des Couvert-Öffnens ist von unsagbarer Spannung, der Atem stockt. Dann atmet man tief durch und hofft, seinen Namen zu hören...»

Arthur Cohn hat fünf Mal seinen Namen gehört. Aber es hat auch einen Cohn-Film gegeben, der zwar den EG-Preis als bester Film Europas, den Katholischen Kirchenpreis und allerbeste Kritiken bekommen hat, aber nicht nominiert worden war: «Una breve Vacanza.» Man sieht: Arthur Cohn ist nicht immer ein Wunderkind.

Allerdings – fünfmal durfte er den Oscar entgegennehmen. Fünfmal durfte er die Dankesrede, die nicht länger als 60 Sekunden dauern darf, vor einem Milliardenpublikum halten. Auch diese Acceptance Speeches werden genau beachtet und von Branchenblättern wie «Variety» und «Hollywood Reporter» unter die Lupe

Am Telefon
mit Freunden nach einer
langen Oscar-Nacht.

Präsentiert die Oscar-
Verleihung mit grossem
Erfolg: der US-Komiker und
Schauspieler Billy Crystal.

Seit Jahren freundschaftlich
verbunden: Steven Spielberg,
der vor den Dreharbeiten
von «Schindlers Liste» Cohns
Filme mit der Holocaust-
Thematik mehrmals sah und
analysierte.

Präsident Bill Clinton
und First Lady Hillary: mit
der Welt des Films eng
verbunden.

Barbra Streisand:
Seit «Yentl» auch eine
erfolgreiche Regisseurin und
Produzentin in Hollywood.

«Hello, Mr. Bond» –
Pierce Brosnan und seine
Lebensgefährtin am
«Governors Ball» nach der
Oscar-Verleihung.

*Arthur Cohn is as my husband, the late
David O. Selznick would have said, in the
tradition of Quality.*

Jennifer Jones

genommen. Arthur Cohn erhielt stets besonderes Lob. Ja, die Verlegerin des «Hollywood Reporters» Tichie Wilkerson hat nach seinem Speech zum ersten Mal sel-

ber in die Tasten gegriffen. Und einen Leitartikel geschrieben – eine Lobeshymne auf Arthurs Dankesrede.

Nach der Oscar-Verleihung ist die Erwartungshaltung immens, nach mehreren Oscars «geradezu unbeschreiblich». Wie viele nichtrealisierte Projekte vorangehen, bis ein Oscar winkt, kann Arthur Cohn aus eigener Erfahrung berichten. «Ein Oscar ist nur die kleine Spitze des Eisbergs. Man geht oft durch schwierige Zeiten. So habe ich beispielsweise einen Film konzipiert, der die Problematik der GIs in Europa zeigen sollte – wie sie träumen, wie sie fühlen. Der Arbeitstitel hiess ‹Letters from GIs›. Plötzlich wurde ein Streifen angekündigt, ‹Letters from Vietnam› – da habe ich das Projekt natürlich sofort eingestellt.»

«Oder ich habe mit Liv Ullmann das Leben der russischen Dissidentin Ida Nudel verfilmen wollen. Wir hatten alles schon bereit, kamen dann mit dem römischen Co-Produzenten in Clinch, weil dieser glaubte, eine Dissidentin könne niemals in den Westen kommen. Ich aber war vom Gegenteil überzeugt und bin vom Film zurückgetreten. Seither hat mir die politische Entwicklung Recht gegeben...»

Der fünfte Streich

Ein Jahr nach dem Interview zur Thematik «Wie fühlt man sich mit einer Oscar-Nomination?» war's prompt wieder soweit: Cohn wurde erneut nominiert – und zwar für die in Minnesota gedrehte Produktion von «American Dream». Einmal mehr hatte Helvetien von der Nomination und der Oscarverleihung kaum Notiz genommen.

Nur zwei Tage vorher war er nach Los Angeles geflogen. Pessimistisch: «Natürlich hat man bei fünf Kandidaten immer eine Chance von 20 Prozent. Aber diesmal ist sie geringer. Denn mein stärkster Konkurrent ist ein Film von Dustin Hoffman – und dessen PR ist gigantisch…»

Cohn hat für seinen Film kaum einen Werbezug veranstaltet: «Dazu hatte ich gar keine Zeit. Wir stecken bereits mitten im nächsten Projekt…»

Dennoch – die Leute in Amerika waren von dem Streifen, der das Problem der Gewerkschaftsmacht und des Streiks zum Thema macht, begeistert. Nach der Premiere schrieb die «Los Angeles Times» in einem Leitartikel: «Cohn gehört zu jenen kreativen Filmproduzenten der Welt, dessen Name auf einem Film auch Qualität garantiert.»

Cohn arbeitet stets an drei Drehbüchern zur selben Zeit, «auf dass sich dann eines realisieren lässt.» Er ist vermutlich der einzige seiner Branche, der sich nicht «jagen» lässt – sondern in seine Produktionen auch Zeit investiert: «Ich habe nie eine «dead-line» für einen

Es ist beeindruckend und fast einmalig, dass in einer Riesenstadt wie Los Angeles so viele Menschen Arthur Cohn ihre Hochschätzung in herzlichster Weise zum Ausdruck brachten. Man freut sich mit ihm, Neid gibt es für einmal in der Traumfabrik überhaupt nicht.

Pavla Ustinov, Schriftstellerin

*Arthur Cohn bleibt trotz seinem unver-
gleichlichen Charme und aller fröhlichen
Verspieltheit letztlich ein Mysterium. Was
ich aber von ihm kenne, schätze und liebe,
ist ganz besonders die Phantasie und
grenzenlose Grosszügigkeit, mit der er es
versteht, Freude in das Leben anderer zu
bringen. Wieviel vergnüglicher wäre es auf
dieser Welt, gäbe es ein paar Arthur Cohns
mehr.*

Helena Bonham Carter

*Arthur Cohn ist nicht der kühle, nach
schnellem Erfolg eilende Produzent. Dank
seinem Verständnis für menschliche
Schwächen zeigt er ein untrügliches Gespür
für die Wünsche eines internationalen
Filmpublikums, und er ist mit beispiel-
hafter Perfektion bestrebt, jedem Film
seinen eigenen Stempel aufzudrücken.
Immer, wenn ich bei ihm Rat suche, erhalte
ich einen ehrlichen Rat, und diese
Ehrlichkeit hat unsere langjährige Freundschaft immer geprägt und wertvoll
gemacht.*

Faye Dunaway

Streifen akzeptiert. Ein Film ist für mich
erst fertig, wenn ich überzeugt bin, dass
seine Bilder und seine Aussagen auch in
vielen, vielen Jahren noch bestehen können.»

Cohn bemüht sich auch mehr als die
andern Produzenten um das Drehbuch:
«Vielleicht weil sie zu meinem Fachge-
biet gehören. Ich komme schliesslich
vom Schreiben her. Ich habe bald ge-
merkt, dass die eigentliche ‹Feder› des
Films das Drehbuch ist. Der Regisseur
ist lediglich die Tinte. Prozentual könnte man sagen: In meinen Filmen hat das
Drehbuch eine Wichtigkeit von über 50
Prozent.»

Cohn hat auch mit «American Dream»
keinen «Publikumserfolg» programmiert:
«Man kann nicht erfolgreiche Filme pla-
nen – aber man kann gute Filme konzipieren. Und man kann hoffen, dass ein
Film, wenn er gut ist, auch erfolgreich sein
wird.»

Wichtig ist und bleibt, dass der Produzent stets und immer an seine Filme
glauben muss. «Sky Above, Mud Below»
wurde von 22 amerikanischen Verleihern
abgelehnt, «Finzi-Contini» von 9, «Black
and White in Color» von 15. Gerade der
letztgenannte Film zeigt Cohns Insistenz

Arthur Cohn und Barbara Kopple: Die 5493 Mitglieder der Academy haben ihren Film «American Dream» mit dem Oscar geehrt.

auf Perfektion. Aus Finanzierungsgründen hatte er Frankreich abgegeben und der vom französischen Verleiher schnell herausgebrachte Film war ein erschreckender Flop. Cohn zog sich sieben Monate mit der französischen Schnittmeisterin Françoise Bonnet zurück. Seine völlig neuartige Schnittversion gewann den Oscar und war kurz danach auch in Frankreich in der neuen Fassung bei der dortigen «zweiten Premiere» ein enormer Publikumserfolg.

Arthur Cohns Arbeit ist für jeden Verleger ein Vorbild. Er schafft es, Geschichten zu erzählen, welche die Menschen berühren. Egal, ob sein Film gerade lustig, traurig, unterhaltsam oder aufwühlend ist – er bleibt immer glaubwürdig. Wäre Arthur Cohn Journalist geworden, hätte er bestimmt den Pulitzerpreis bekommen. Aber fünf Oscars sind auch nicht schlecht. Denn über erfolgreiche und bescheidene Schweizer wie Arthur Cohn schreiben wir am liebsten.

Michael Ringier

«Star of Fame» – was ist das?

Noch einmaliger als die goldene Oscar-Statue ist der «Star of Fame». Auf dem legendären Hollywood-Boulevard wird den Grössten der Filmwelt mit einer Platte, die in den Asphalt eingelassen wird, ein ewiger Gedenkstein gesetzt. 1992 erhielt Arthur Cohn die Nachricht, Hollywood wolle ihn mit dem «Star of Fame» verewigen.

Arthur Cohn, auf dem Hollywood Boulevard gibt es einen Stern, der Ihren Namen trägt. Wie war die Reaktion auf diese Sensations-News aus Los Angeles?

Arthur Cohn: Der «Star» bedeutet für mich eine aussergewöhnliche Anerkennung – zumal sie in den allermeisten Fällen nur an Personen aus dem englischsprechenden Raum geht. Wenn ich mir vorstelle, dass meine Kinder und Kindeskinder in vielen Jahren einmal am Hollywood Boulevard vor dem nach mir benannten Stern stehen werden, überkommt mich ein sentimentales Gefühl der Genugtuung.

Hollywood ehrt die einheimischen Superstars mit dem «Star of Fame». Wer aber hat in Europa diese Ehre erfahren?

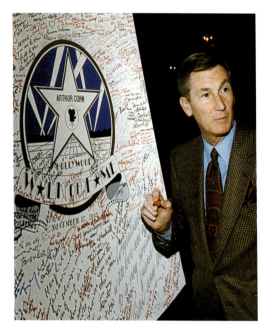

Hunderte von Freunden gratulieren auf dem Bild «Walk of Fame» mit persönlichen Gedanken und ihrer Unterschrift. Auch Robert Rehme, Präsident der Film Academy.

Wie man mir sagte, erhielt der legendäre Regisseur Jean Renoir einen Star – aber auch Albert Broccoli, der Mann, der

Kirk Douglas auf dem
Hollywood Boulevard.

hinter allen Bond-Filmen steht. Dazu kommen einige Musiker aus Klassik und Unterhaltung.

Nur ganz wenige Hollywood-Produzenten wie Goldwyn, Selznick, Warner und Pasternak erhielten den Star. Die Nachricht schlug also wie eine Bombe ein – wie haben Sie sie erfahren?

Tichi Wilkerson, die Verlegerin des renommierten Fachblattes «Hollywood Reporter», rief mich voller Freude mitten in der Nacht an. Ich glaube, das war kein Zufall – es war immer wieder der «Hollywood Reporter», der meine sogenannten «Art Pictures» lobte. Besonders stolz war ich auf einen Artikel, in dem es hiess: «Jeder Film von Arthur Cohn ist ein Teil von ihm selbst…»

Sie sind der einzige Produzent der Welt mit fünf Oscars. Sie wurden als einziger Produzent von der Boston University mit der Ehrendoktorwürde ausgezeichnet. Sie wurden mit Berliner Bären und dem EG-Filmpreis dekoriert – überdies mit dem höchsten katholischen Filmpreis. Haben Sie je damit gerechnet, mit einem Star auf dem Hollywood Boulevard ausgezeichnet zu werden?

Nein. Denn ich bin wohl alles andere als einer der Megastars, die üblicherweise diese Ehrung erhalten – denken wir an Elizabeth Taylor, Meryl Streep, Jack Nicholson, Dustin Hoffman und andere…

Wie erklären Sie sich diese aussergewöhnliche Wertschätzung?

Sicherlich hat dies mit der ungewöhnlichen Thematik meiner Filme zu tun, die mit kleinem Budget an den authentischen Orten aufgenommen werden. Das amerikanische Filminstitut – es hat 135 000 Mitglieder – bezeichnet mich als «The Man with the Dream», damit meint man besonders die Verbindung von Vision, Idee und Realisation.

Bedeuten diese Worte, dass Sie in der Filmindustrie eigene Normen verwirklicht haben?

So weit würde ich sicher nicht gehen. Vielmehr betrachte ich Anerkennung für mein Werk als bewusste Ermutigung an alle unabhängigen Produzenten der Welt, konsequent und unbeirrbar an ihrer Vision festzuhalten – dies, ohne wesentliche Konzessionen einzugehen, die den Film verwässern würden.

«In meinem Herzen werde ich den ‹Star of Fame› mit nach Basel nehmen.»

Hollywood Boulevard: die Strasse ist gesperrt, Freunde und Hunderte von Schaulustigen sind dabei: «Arthur Cohn Day» in Los Angeles und Enthüllung des «Star of Fame».

Zweifellos hat Ihr Gespür für unge-wöhnliche Themen und eine absolute Per-fektion viel zu Ihren Erfolgen beigetragen. Bringt der «Star of Fame» in der Schweiz nicht auch Neid?

Natürlich. Aber ich habe in all den Jah-ren gelernt, zwischen Freunden und «Freunden» zu unterscheiden – und jenen dankbar zu sein, welche sich mit mir freu-en. Diese Freunde haben meinen Weg in Basel von der Austrasse an die Rütlistrasse und von dort an die Gellertstrasse mit-verfolgt. Und ich werde ihnen für ihre ste-te Treue dankbar bleiben…

City of Los Angeles
State of California

PROCLAMATION

Arthur Cohn Day

WHEREAS, QUINTESSENTIAL FILMMAKER, ARTHUR COHN IS THE ONLY PRODUCER IN HOLLYWOOD'S HISTORY TO BE HONORED WITH FIVE ACADEMY AWARDS FOR SUCH CLASSICS AS "SKY ABOVE, MUD BELOW," "THE GARDEN OF THE FINZI-CONTINIS," "BLACK AND WHITE IN COLOR," "DANGEROUS MOVES" AND "AMERICAN DREAM"; AND

WHEREAS, CRITICS HAIL AN ARTHUR COHN FILM AS INTELLECTUALLY STIMULATING AND CREDIT IT WITH CHALLENGING EXISITING PRECONCEPTIONS ABOUT MORALITY AND POLITICS, LOVE AND HONOR; AND

WHEREAS, AS AN ARTIST, ARTHUR COHN HAS BEEN STRONG AND WISE ENOUGH TO TAKE HIS TIME, SEEKING DEPTH AND MEANING; AND

WHEREAS, IN A MEDIUM THAT OFTEN MEASURES GREATNESS BY THE DOLLAR, HIS WORKS OF ART ARE THEIR OWN MEASURE, AND HAVE SET THE STANDARD FOR THE FILM INDUSTRY ADDING LUSTRE AND HONOR TO LOS ANGELES AS THE INTERNATIONAL FILMMAKING CAPITAL OF THE WORLD:

NOW, THEREFORE, I, TOM BRADLEY, MAYOR OF THE CITY OF LOS ANGELES, ON BEHALF OF ITS CITIZENS, DO HEREBY PROCLAIM NOVEMBER 17, 1992 AS "ARTHUR COHN DAY" IN THE CITY OF LOS ANGELES.

Tom Bradley
MAYOR

In Anbetracht, dass Arthur Cohn, Inbegriff eines Filmschaffenden, der einzige Produzent in der Geschichte Hollywoods ist, der für die Filmklassiker «Sky Above, Mud Below», «The Garden of the Finzi-Continis», «Black and White in Color», «Dangerous Moves» und «American Dream» mit fünf Academy Awards ausgezeichnet wurde, und dass Kritiker einen Arthur-Cohn-Film als geistig anregend rühmen und ihm besonders das Infrage-stellen von Vorurteilen über Moral und Politik, Liebe und Ehre hoch anrechnen und dass Arthur Cohn als Künstler die innere Kraft und die Klugheit besitzt, sich stets Zeit zu nehmen für die Suche nach Tiefe und Sinn, und dass in einem Medium, in dem Grösse so oft in Dollars gemessen wird, seine Kunstwerke ihr eigenes Mass sind und in der Filmindustrie Massstäbe setzten, welche Glanz und Ehre von Los Angeles als Welt-hauptstadt des Films erhöht haben – erkläre ich, Tom Bradley, Bürgermeister von Los Angeles, im Namen seiner Bürger den 17. November 1992 zum «Arthur Cohn Tag» in der Stadt Los Angeles.

Die Verleihung des «Star of Fame» wird immer wieder zum riesigen Happening in Hollywood. Als Arthur Cohn am 17. November 1992 die heissbegehrte Platte in den «Walk of Fame» eingepflastert bekam, mussten die umliegenden Strassen wegen des Andrangs der Leute abgesperrt werden. Hollywood hatte überdies den «Arthur-Cohn-Day» ausgerufen – als Paten nahmen neben Kirk Douglas, der die Laudatio hielt, auch Faye Dunaway und Liv Ullmann am Ereignis teil. Die Rede von Cohn nach der Ehrung endete mit dem Statement: «Ich danke für den ‹Star of Fame›, den ich in meinem Herzen nach Basel mitnehme…»

Schon in den Frühnachrichten wird die Proklamation des Bürgermeisters von Los Angeles zum «Arthur Cohn Day» verlesen. Die Tagesblätter lichten den Basler

«Ich durfte in meinem Leben zahlreiche Auszeichnungen für mein Schaffen entgegennehmen, die sich aber in einem wesentlichen Punkt vom ‹Star of Fame› unterscheiden, der mir hier in Hollywood gewidmet wurde, ich konnte die Awards immer in die Schweiz zurücknehmen. Doch heute erhalte ich eine Ehrung, die für immer hier auf dem Hollywood Boulevard bleiben wird. Und das macht mich besonders glücklich und stolz. Hier auf dem Boden der USA gibt es von nun an einen Stern, der meinen Namen trägt und Symbol meiner tiefen Verbundenheit zu Amerika bleiben wird. Mein Dank geht an alle meine Freunde in den USA, die mich immer wieder ermutigt haben, ungewöhnliche Filme zu drehen, an die man sich auch viele Jahre später zurückerinnern kann. In meinem Herzen werde ich den ‹Star of Fame› mit nach Basel nehmen.»

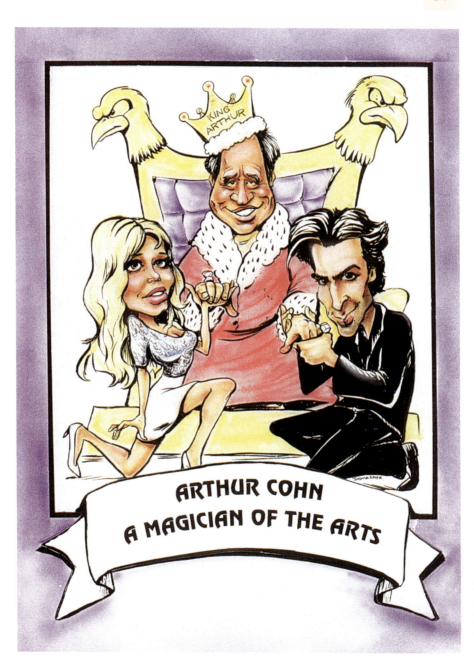

Zeichen der Freundschaft und Bewunderung: eine Zeichnung für Arthur Cohn von Claudia Schiffer und David Copperfield.

als «Man of the week» ab – und der Ansturm zur Star-Einweihung während der Mittagszeit ist enorm.

Liv Ullmann schüttelt den Kopf, als später im «Hollywood-Roosevelt»-Hotel rund 700 Gäste das exklusive Buffet stürmen: «Unglaublich – mal wieder typisch

Arthur Cohn ist einer der wenigen Menschen, die von anderen denken, bevor sie von sich selbst denken. Seine Grosszügigkeit ist legendär. Er ist ein Mann, den es glücklich macht, andere glücklich zu sehen.

Claudia Schiffer

Arthur. Sonst kommen kaum mehr als 50 Leute zu einem «Star».

Hollywoods Bürgermeister Johnny Grant ehrt den Produzenten als erster und macht auf die Schweizer Flagge aufmerksam, die an der Fassade des geschichtsträchtigen Roosevelt-Hotels gehisst ist. Irgendwie ist es symptomatisch, dass man für Cohn den ersten Platz auf dem Boulevard ausgesucht und den «Star» neben Julio Iglesias, Eddie Murphy und vis-a-vis von Hitchcock eingelassen hat – sein Stern mit den bronzenen Namenszügen leuchtet gleich beim legendären chinesischen Theater und vor dem Eingang zum «Hollywood-Roosevelt»-Palast, in dem früher nicht nur die Hollywood-Grössen logierten, sondern wo auch die allerersten Oscars verteilt worden sind.

Kein Gourmet –
aber ein grossartiger Gastgeber

Seine Stärke: Er kann beim Essen zuhören.

Als ich ihn für meine Kocht(k)opf-Serie interviewen wollte, hat er immer wieder abgewunken: «Da verstehe ich gar nichts davon…» Stimmt natürlich nicht. Arthur Cohn versteht es grossartig, die prächtigsten Essen für seine Freunde zu organisieren – nur: sein Interesse gilt dann der Runde. Und weniger dem Essen. Ja, seine Reden zwischen zwei Gängen sind gefürchtet, weil er jeden seiner Gäste mit einer Anekdote vorstellt. Entsprechend flehen ihn die Freunde auch jeweils vor einem Essen an: «Arthur – 10 minutes only, please…!» Er lächelt. Und es wird eine Stunde. Denn auch für seine Reden nimmt er sich immer Zeit. Viel Zeit…

Er wird von den grössten Schauspielern zum Essen eingeladen. Und er lädt die grössten Schauspieler zum Essen ein. «Wenn ich mit Schauspielern ausgehe,

muss ich mich so stark auf ihre empfindliche Psyche konzentrieren, dass es mir einerlei ist, ob nun ein Fisch oder ein Rührei vor mir steht …» Das ist die Stärke von Arthur Cohn: «Ich kann zwar nicht kochen. Ich kann beim Essen zuhören – das ist in Hollywood der beste ‹starter›. Dort ist jeder mit sich selber beschäftigt. Und höchst erstaunt, wenn jemand das ‹how are you› nicht einfach als Floskel dahersagt. Sondern ernst meint…»

Psychologie – das ist also sein Erfolgsrezept. Und nicht umsonst gilt der Basler Filmproduzent von New York bis Hollywood als beliebter Gast. «Der schlechteste Koch kann ein Essen nicht kaputt machen, wenn er die besten Zutaten zur Verfügung hat. Beim Film ist es ähnlich. Ein gutes Drehbuch ist das A und O – der schlechteste Regisseur kann es nicht zer-

Ein grosser Name in der
grossen Geschichte
Hollywoods: Kim Novak.

Dear Arthur,
You have been such
a fine & trusted (long distance)
friend for so many years —
I will always hold the fondest
memories of you.
Love,
Kim 1999

stören. Umgekehrt aber kann der beste Regisseur aus einem schlechten Drehbuch kein Wunder drehen...»

«Natürlich ist Kochen bei den Stars in Hollywood eine ‹in›-Sache. Also wird die Kunst auch gepflegt. Jeder hat irgend ein oder zwei Rezepte, die dann aufgetischt werden. Nur auf Shirley MacLaine trifft dies nicht zu. Sie verzichtet auf Experimente und bezeichnet sich selber als schlechteste Köchin von Beverly Hills und hat mir einmal erklärt: ‹Ich kann machen, was ich will – aber alles, was ich koche, schmeckt nach Haferschleim...›»

Liv Ullmann mag das Kochen nicht besonders – aber: «...sie ist eine hervorragende Kuchenbäckerin. Für mich bereitet sie stets Mandelmakrönli zu.» Überhaupt wird in Hollywood viel gebacken – Billy Wilders Apfelstrudel-Rezept ist weiterum berühmt. Und Kim Novak – sie wohnt mit 14 Tierarten (ihr Pferd hat sie ‹Arthur› genannt) zwischen Los Angeles und San Francisco – serviert einen sensationellen Streusel-Kuchen. «Man muss sich die Leckerei allerdings redlich verdienen. Kim Novak hält einen wilden Geissbock, der schrecklich eifersüchtig ist. Und regelmässig auf mich losgeht...»

Das «Höchste» ist für einen Amerikaner, «richtig» plaziert zu werden: Im Beverly Hills Hotel beispielshalber sitzt man nur richtig, wenn man einen Platz in einem (der sechs) ‹booth› in der Polo-Lounge bekommt. Und im Chasen, einem berühmten Snob-Restaurant, taxieren die Kellner den Gast nach dem Tageswert – so wie die berühmten Gäste plaziert werden, so stehen auch ihre Aktien. Wann immer Cohn im Beverly Hills Hotel logiert, bleibt Booth Nr. 3 reserviert, bis er sein Frühstück eingenommen hat.

Als «beste Köchin von Hollywood» wird weiterum Anne Douglas gepriesen. Die Gattin von Kirk ist Belgierin. Und auf den Kochplatten absolut bravourös. In Amerika, wo die Essen zwischen 1 bis 10 Punkten bewertet werden (und wo die Gäste oft eigene Bewertungsbücher mit sich tragen – so im Stil des Gault/Millau) holt sich Anne Douglas immer die Note 10. Cohn punktete ihre Kochkunst einmal mit 18 – und erhielt, als er wieder in Basel landete, ein Telegramm von Kirk und Michael Douglas: «Don't you think 18 is a little too high?»

Wen wundert's also, dass Arthur Cohn sich an die Hollywood-Superköchin wandte, als er von uns um ein Rezept ge-

Arthur Cohn ist ein Freund der ganzen Familie Douglas: hier mit Sohn Michael.

fragt wurde. Und siehe da – Amerika macht's möglich: wir dürfen Ihnen hier das «Engelshaar» von Anne Douglas als Weltpremiere vorführen.

Engelshaar nach Anne Douglas

Zutaten: 2 Knoblauchzehen (durchgepresst), 2 El Olivenöl, 1/2 Zwiebel gehackt, Köpfchen von 1/2 Pfund Brocco-li, 1/3 Tasse Schlagrahm, Pfeffer (Mühle!), Salz, 1/2 Pfund «Capelli d'Angelo» – also: feinste Spaghettini, 1/4 Pfund geriebener Emmentaler, 1/4 Tasse geriebener Gorgonzola, 3 Esslöffel Parmesan (gerieben), evtl. frischen, gehackten Peterli (Garnitur!)

Zubereitung: Knoblauch in Öl goldgelb andämpfen. Zwiebeln und Broccoli-Röschen zugeben und knapp weichdämpfen. Rahm hinzufügen und mit Pfeffer sowie wenig Salz würzen. Inzwischen Teigwaren in kochendem Salzwasser al dente kochen (das geht bei diesen dünnen Teigwaren im Nu), abgiessen und mit den drei Käsen gut vermischen, so dass der Käse schmilzt. Rahmgemüse unterziehen – und sofort servieren! Evtl. als Garnitur mit Peterli überschneien.

Der Titel meines Buches heisst: «The Gift» («Das Geschenk»). Arthur gab mir, meiner Frau und meinen Söhnen das Geschenk der Freundschaft.

Kirk Douglas

Cohn hat den Sprung ins Guggenheim-Museum geschafft...

Arthur Cohn ist nicht nur der Mann mit den Träumen – er ist auch der Produzent, der Berge versetzen kann. In New York drehte er die sozialkritische Komödie über Schwarz und Weiss: «White Lies». Der Film spielt im Kunst-Milieu und zeichnet mit feinem Sarkasmus die mondäne Welt des Kunsthandels.

Für Cohn war es einmal mehr wichtig, den Film ortsidentisch zu drehen. Dafür suchte er sich ausgerechnet das Guggenheim-Museum aus.

Als der Basler Produzent in Filmkreisen erzählte, er wolle im «Guggenheim» drehen, wurde er ausgelacht: «Unmöglich – die geben das Museum nie...»

Er hat darauf Glory Jones vom Musentempel aufgesucht: «...und da bin ich nicht einfach mit der Tür ins Haus gefallen. Nein. Ich habe mit ihr nett geplaudert. Habe erwähnt, dass das Museum ein prächtiger Ort für junge Leute sei. Und dass mein Film auch ein Streifen mit und für junge Menschen würde. Dass sie mich somit eigentlich bitten müsste, ihr Museum als Drehort auszusuchen ...»

Es hat geklappt. Auch Glory Jones kapitulierte vor «Mister Sunshine». Was nur noch Meryl Streep und Susan Seidelman gelungen ist (für den Film «She Devil»), hat Cohn geschafft: das Guggenheim öffnete für Dreharbeiten seine Tore.

Der Aufwand war allerdings enorm: Sämtliche Bilder an den Wänden mussten aus Rechtsgründen abgehängt und durch Werke, die die Produktion herbeischaffte, ersetzt werden. Natürlich wurde jeder der Mitarbeiter vor den Aufnahmen überprüft – 40 Wärter hatten an ihrem freien Tag zu arbeiten. Und Glory Jones kontrollierte jede Aufnahme persönlich.

In der New Yorker Presse wurden während der Dreharbeiten Photos des Guggenheim-Museums publiziert, auf denen man Passanten sieht, die von aussen ins geschlossene Museum blicken. Sie werden vom Museumswärter fortgeschickt – denn erstens ist Donnerstag, da hat das

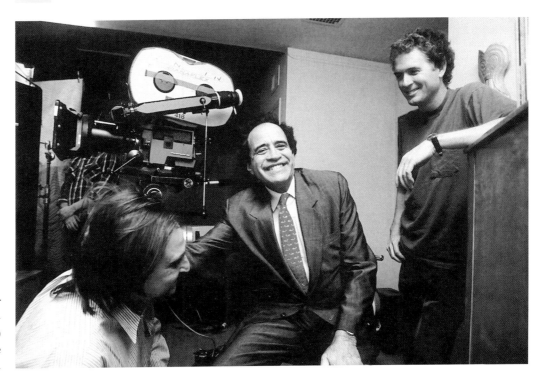

Drehpause: Regisseur
Ken Selden und Kamera-
mann Bob Yeoman (rechts)
besprechen die nächste
Einstellung für «White Lies».

Museum sowieso geschlossen. Und zweitens dreht man einen Film. «A new show?»
– will jemand wissen. «Not a new show»,
sagt der Wärter, «a new film from Arthur
Cohn.»

Er schafft's immer. Devise: «Nie den
Glauben verlieren – nie aufgeben!» – und:
«Wenn's schwierig wird, ist es für mich
erst interessant …»

Die Geschichte von «White Lies», geht
auf das Jahr 1988 zurück. Damals ehrte

ihn das American Film Institute mit einer wochenlangen Retrospektive seiner
Filme im Kennedy-Center von Washing-
ton. Institutspräsidentin Jean Firstenberg
machte Cohn auf Ken Selden, einen Ab-
schluss-Schüler der Regie-Klasse, aufmerksam: «Er ist besonders begabt – du
solltest mal mit ihm reden …»

Ken skizzierte Cohn eine Filmidee: In
einer sarkastisch-sozialkritischen Komödie wollte er den Effort eines Schwarzen,

Drehen an den authentischen Plätzen – das ist eine der Erfolgsformeln von Arthur Cohn: Dreharbeiten zu «White Lies» in Harlem.

in der Welt der Weissen akzeptiert zu werden, zeigen. Dass die Geschichte im snobistischen Kunst-Milieu spielt, gibt der Sache einen speziellen Reiz.

Cohn ist interessiert – nach einem dreiviertel Jahr schickt Selden den ersten Entwurf nach Basel. Cohn refüsiert ihn: «Alles war viel zu pathetisch, zu dick mit dem Mahnfinger aufgetragen – ‹messages› müssen so eingepackt werden, dass es die Leute gar nicht merken, wenn sie sie runterschlucken.»

Erst nach vier Jahren war das Drehbuch nach Cohns Geschmack. Cohn machte sich also an die Arbeit – organisierte spezifische Drehorte in Harlem und Soho. («Wir benutzen keine Studios. Wir drehen authentisch vor Ort»). Und puzzelte die Crew aus aller Welt zusammen – von der Rosati-Enkelin aus Rom bis zu Judy Chin, Hongkongs berühmtester Maquillage-Künstlerin. «Wichtig war für mich Bob Yeoman als Kameramann. Seine Arbeit in ‹Drugstore-Cowboy› hat mich fasziniert. Ferner wollte ich Evelyne Sakash als Produktions-Designerin – in ‹Paradise› oder ‹Made in America› hat sie Spitzenleistungen vollbracht. Und dann natürlich: Julie Warner – vier Mal bin ich zu ihrem Agenten in Los Angeles gereist, um mir die Mitarbeit von Julie vertraglich zu sichern.»

Arthur Cohn überzeugt eben alle – auch Big Stars wie Rosanna Arquette, die

Es ist, als würde Arthur Cohn in eine mit Edelsteinen besetzte Schatulle greifen und einen der kleinsten, aber feinsten Steine hervorzaubern. Er schleift diesen Stein zu einer wundervollen Geschichte, die uns neue und aussergewöhnliche Horizonte erschliesst, aber überall geschehen könnte, weil wir sie durch unsere Herzen erleben.

Mario Cortesi, Filmkritiker

Arthur Cohn uses his extraordinary talents to produce movies which have international acclaim.
As a citizen of Basel he brings great pride to his hometown and to all of his many friends who cheer him on. I am happy to include myself in that group.

Madeleine Kunin, U.S. Ambassador

Drehpausen-Gespräch
mit Rosanna Arquette.

Star in «White Lies»:
Julie Warner.

über seine Leute informiert. Sie psychologisch betreut. Und für sie da ist – kaum ist «Mister Sunshine» am Drehort, wird er in seinem engen Kabinenwagen umlagert. Jeder packt seine Sorgen vor ihm aus – «… und das hat in den wenigsten Fällen mit unserem Film zu tun. Aber ich gehe auf die Leute ein, um sie ‹happy› zu machen. Nur zufriedene Menschen arbeiten gut. Sie beklagen sich beispielsweise über das Essen – also wechsle ich den Catering-Service aus und sie sind glücklicher. Zwar schmeckt das Essen noch genauso gut oder schlecht wie vorher – aber ihnen schmeckt's nun besser. Man muss den Leuten ganz einfach zeigen, dass man sie ernst nimmt. 95 Prozent aller Menschen sind einsam – ob sie bekannte oder unbekannte Namen haben. Da sollte ihnen jemand die Hand geben. Und sagen: Ich bin da. Man kann mit kleinen Freuden so viel Grosses erreichen – und macht sich dabei selber die grösste Freude …»

Hier liegt das Geheimnis von Arthur Cohn – Julie Warner sieht's so: «Kein anderer kann sich derart tief in Menschen einfühlen wie Arthur. Das macht seinen ‹success› aus…»

Allerdings – nicht immer ist alles nur Honiglecken. Manchmal ist Cohn auch

sich seit «Desperately Seeking Susan» und «After Hours» kaum noch vor Angeboten retten kann, aber hier für eine Nebenrolle mit kaum drei Dutzend Sätzen von Paris nach New York jettet, um in Cohns Film einen hässlichen Junkie zu spielen. Cohn schmunzelt: «Ich habe ihr eben klar gemacht, dass es für eine so wunderschöne Frau nichts Faszinierenderes gäbe, als in die Rolle dieses hässlichen Mädchens zu steigen….»

Cohn ist der Hexenmeister, der alles hinbügelt – der sich aber auch genaustens

Jung, schwungvoll und trotzdem nicht ohne Message: Szenenfotos aus «White Lies».

Mit Ernst Beyeler
in New York.

Arthur Cohn könnte eigentlich auch ein grossartiger Schauspieler sein: Sein «hundetrauriger» Blick vermischt mit Tiefsinn und etwas Philosophie, der ab und zu in ein amüsiertes Lächeln übergeht, würde ihn dazu sehr geeignet machen. Jedenfalls würde ich eine Wette in Hollywood auf seinen nächsten Oscar, diesmal für den besten Schauspieler, 1:100 eingehen.

Ernst Beyeler

zu unpopulären Entscheidungen gezwungen: Er entlässt eine Fahrerin, weil sie nicht auf die Filmrollen aufpasste und sich diese aus dem Wagen stehlen liess. Oder er feuert einen Schauspieler, weil dieser nicht auf den Regisseur hört. Und zu stark chargiert.

Cohn will nicht «Mister Sunshine» sein, wenn die Qualität seines Films darunter leidet. Sein Vater hat ihm da eine Lehre fürs Leben gegeben: «Eine Enttäuschung genügt.»

Auch der Maskenbildnerin aus Hongkong hat Cohn die gelbe Karte gezeigt.

Er besteht auf zwei Dinge: Die Frauen dürfen in seinen Filmen keine roten Fingernägel haben («Gut! gut! Es ist eine Macke – aber ich bin eben ein Handfetischist. Und rote Fingernägel sehen aus, als habe sich jemand im Ketch-up vergriffen»). Zweitens sollen die Augen nicht «gestrichen» werden («Lidschatten an einer jungen Frau sind wie Winterpneus an einem Kunstradvelo…»). Als Julie Warner dennoch mit Lidschatten vor die Kamera trat, bestand Cohn darauf, dass alles nochmals gedreht würde. Und redete mit der Make-up-Spezialistin Klartext.

Wenn an einem Drehtag, der um sechs Uhr morgens beginnt und um zehn Uhr nachts immer noch nicht endet, zwei Filmminuten im Kasten sind, so gibt's unzählige Probleme, die Cohn jede Stunde, jede Minute zu lösen hat. Da muss ein Papagei aufgetrieben werden, der die Telefonnummer 555-894 aufsagen kann… Man muss für den Driver der Crew eine dreistöckige Torte als Überraschung fürs Mittagessen auftreiben, weil er heute Geburtstag hat. Es gilt für die Mutter des jungen Hauptdarstellers Larry Gilliard, die zu den Dreharbeiten geladen wurde, ein Nachtessen mit New Yorker Freundinnen zu organisieren…

A rthur Cohn, ein wunderbarer
B egleiter, ein
C osmopolit mit ungwöhnlicher
D isziplin, phantastischem
E insatz für die Kunst, ein
F reund,
G astgeber und Gentleman, dem
H ochachtung gebührt, ein
I ndividualistischer
J ongleur und
K avalier mit
L eichtigkeit,
M ultitalent-
N eigung,
O scar-Preisträger (5),
P roduzent von
Q ualität statt Quantität,
R eisender
S chweizer Weltbürger mit
T endenz zum
U S Weltbürger,
V ielflieger
W egbereiter,
X L Persönlichkeit mit
Y in, Yang und
Z en

Veronica Ferres

Die Crew, die Cohn für seinen Film zusammengestellt hat, ist jung. Sehr jung. Sie besteht zur Hälfte aus Schwarzen – und macht das Thema, das im Film aufgegriffen wird, jede Sekunde real.

Irgendwann gilt es, den rund 40 Film-Leuten, die da für sieben Wochen zusammengewürfelt worden sind, adieu zu sagen: «Was dann bleibt, ist für alle eine grosse Leere. Man hat sich während dieser Zeit aneinander gerieben – aneinander gewöhnt. Der Schluss-Cut tut weh. Später habe ich nicht etwa Erinnerungen an den Film – sondern an alle die Menschen, die meinen Film gemacht haben. Meine Mutter hat mich gelehrt: Das einzige Land, aus dem man nicht vertrieben werden kann, ist das Land der Erinnerungen.»

Filmen bedeutet nicht nur Glamour

«Two Bits» – so heisst Arthur Cohns Produktion, die in Philadelphia gedreht wird. Die Geschichte ist schnell erzählt: Gennaros Grossvater liegt im Sterben. Und bringt dem Jungen an seinem letzten Tag bei, wie wichtig es ist, im Leben etwas wirklich zu wollen. Und dafür zu kämpfen.

Das Drehbuch hat Joseph Stefano geschrieben. Der Autor von «Psycho» hat seine ureigene Kindheitsgeschichte hineinverpackt: «Allerdings hatte ich keinen Grossvater – die Figur habe ich aus drei verschiedenen Personen, die in meinem Leben wichtig waren, zusammengepuzzelt.»

Cohn war von den Ideen Stefanos begeistert: «Erstens spielt das Ganze an einem einzigen Tag – das alleine schon ist faszinierend für den Film. Zweitens ist alles von einer zarten Subtilität, die dennoch überdauern kann.»

Cohn suchte lange nach der idealen Besetzung für die Rolle des Grossvaters: «Das Drehbuch lag bereits Jahre in Basel – da half mir der Zufall. An der Oscar-Verleihung erhielt Al Pacino den Preis für ‹Scent of a Woman›. Plötzlich wusste ich: Das ist mein Grossvater!»

Cohn schickte ihm das Drehbuch – und Al Pacino kabelte unverzüglich begeistert zurück. Der Schauspieler wiederum erinnert sich: «Die Rolle des Grossvaters bedeutete für mich sofort etwas ganz Neues. Das ist ganz anders als das, was die Leute von mir erwarten. Ich bin hier kein Haudegen, kein Draufgänger – ich bin ein bissiger alter Mann, der stirbt. Ein Mann, der seinen Enkel liebt. Und ihn auf die Werte des Lebens vorbereitet. Eben das hat mich gereizt – das. Der kluge Text. Und natürlich Arthur Cohn.»

Der Stress ist gross. Cohn hat nicht nur jeden Tag mehrere Zeitungsinterviews zu geben und in TV-Specials aufzutreten («Die meisten Interviews und Auftritte

> Arthur Cohn beeindruckte mich schon beim ersten Treffen: Ich erinnere mich, wie er mit mir über die Verantwortlichkeit sprach, die der Künstler im Allgemeinen und wir als Filmemacher den kommenden Generationen gegenüber haben. Während der Dreharbeiten engagierte sich Arthur Cohn mit reicher Erfahrung und besonderem Einfühlungsvermögen in allen Bereichen. Ich bin Arthur Cohn dankbar für seine Grosszügigkeit und für die Freiheit, die er mir als Kameramann schenkte.
>
> Juan Ruiz Achia, Kameramann «Two Bits»

> Die Zusammenarbeit mit Arthur war überaus harmonisch: Er war immer hilfreich, immer charmant, immer liebenswürdig. Er ist ein Vollblut-Produzent mit der ganz besonderen Fähigkeit, sich spontan in andere Menschen hineinzuversetzen. Arthur – wann drehen wir den nächsten Film?
>
> Al Pacino

überlasse ich Joseph Stefano – er liebt so etwas»), er muss auch schauen, dass die Stimmung am Set stimmt. Und das ist nicht immer ganz einfach. So sitzt Stefano wie eine Sphinx bei den Dreharbeiten und erklärt dem Regisseur James Foley, wie er das Ganze als Autor sehe. Der Regisseur wünscht ihn auf den Mond. Und Cohn muss vermitteln: «Natürlich gibt es immer wieder Diskussionen – manchmal fallen auch harte Worte. Da ist es meine Aufgabe, die Stimmung ins Lot zurückzubringen. Eine Lösung zu finden. James Foley hat mich nach einem solchen Versöhnungsgespräch einmal gefragt: ‹Why are you in Philadelphia – go to Bosnia!›»

«Allerdings sind mir solche Querelen nicht neu. Bei den Finzi-Contini war Giorgio Bassani muff, dass ich Nicole als wichtigste Figur hervorgehoben habe. Ja, er verbot mir gar, im Filmvorspann seinen Namen zu nennen. Als wir dann den Oscar bekamen schickte er ein Telegramm: ‹You can put back my name›…»

Cohn lächelt: «Vittorio de Sica hat mir einmal gesagt, dass man im Leben immer auf sich selber hören soll – so erspare man sich Enttäuschungen. Ich habe auf meine innere Stimme gehört. Die Leute sehen jetzt nur den ‹glamour› der Dreh-

Szenenbesprechung
mit Regisseur James Foley.

arbeiten – die eigentliche Kreativität jedoch findet stets in den ruhigen und weniger spektakulären Vorbereitungsphasen in Basel oder Los Angeles statt. Es wird für mich immer schwieriger, einen Film zu machen – ich stehe unter einem starken Erwartungsdruck. Ich muss stets etwas Besonderes tun. Kann mir keinen Flop leisten – dieser könnte die Erinnerung an meine guten Filme trüben.»

Al Pacino über seine Rolle in «Two Bits»: «Die Story des Films erinnert mich an meine Jugend, an meinen Grossvater.»

Zurück in die Depression der 30er Jahre

Für «Two Bits» hat Arthur Cohn einen ganzen Strassenzug der Stadt Philadelphia in die Depressions-Zeit zurück verwandelt. Leute wurden aus ihren Häusern evakuiert – auch hier ging Cohn mit ureigenem Fingerspitzengefühl vor:

Es ist 5.30 Uhr in Philadelphia. Noch schläft die City. Die kleinen Zwei-Stock-Häuser, auf welche die Leute hier ebenso stolz sind, wie die Basler auf ihre Altstadt, haben die Fensterläden geschlossen. Es ist still. Unser Fahrer biegt in die «Wolfstreet» ein – eine Strasse, über die alle Zeitungen und Fernsehstationen berichten. Und die Geschichte macht. Filmgeschichte.

Die Stimmung in dieser Strasse ist einzigartig. Ein klappriges Blechauto kündet mit seinen weinroten Lautsprechern die Eröffnung des neusten Kinopalastes an – La Paloma. Alles klimatisiert. Eintrittspreis zur Premiere: Two Bits, damals 25 cents.

Man bleibt stehen. Spürt und schmeckt in jeder Gasse die Depression der dreissiger Jahre – atmet die Zeit vor 60 Jahren. Und denkt: «Wie im Film». Richtig – es ist im Film. Alles für den Film – für Arthur Cohns neuesten Streich…

Acht Wochen lang haben 70 Arbeiter hier gewirkt. Haben 200 Häuser und 50 Geschäfte in die Depressions-Zeit zurückverhext. Haben TV-Antennen weggerupft und scheussliche Metallverkleidungen weggekrant. Und die Wolfstreet bepflastert. Die Elektrobeleuchtungen wurden runtergeholt – Gaslaternen eingepflanzt.

Jane Musky – als Filmarchitektin von «Ghost» und «When Harry met Sally» ein Begriff im Filmbusiness – hat hier für Cohns neuste Produktion «Two Bits» Unmögliches möglich gemacht: «DasProblem war nicht nur die Verwandlung der Strasse in die Depressions-Zeit – da gab's auch psychologische Konflikte. Wir hatten es schliesslich nicht nur mit Mauern zu tun. Vielmehr mit Menschen, die hinter diesen Mauern wohnen. Sie mussten sich mit unseren Plänen einverstanden erklären – viele mussten gar für einige Zeit ausziehen. Oder ihr Geschäft schliessen…»

Die Wolfstreet gehört nicht zu den Upper-class-Avenues von Philadelphia. Hier leben Menschen mit bescheidenen Einkommen – viele Kambodschaner. Leute aus Laos. Aber auch Alte, Pensionierte, Arbeitslose. Die 500-Dollar-Entschädigung sowie der Gratisanstrich durch die Film-Crew kamen den meisten gelegen. Thema Nummer eins war wochenlang: «Wieviel bekommt der Nachbar»? Thema Nummer zwei: «Wird die alte Sunny ihr Haus doch noch geben»?

«Es brauchte viel Fingerspitzengefühl, Takt und Einfühlungsvermögen, um das Vertrauen dieser Menschen zu gewinnen», erklärte Cohn in einem CNN-Interview. «Schliesslich haben wir nicht nur ihre Strasse verändert – wir haben auch in ihren Alltag eingegriffen. Ihr Leben umgekrempelt. Und darauf mussten wir sie subtil vorbereiten…»

Mittlerweile ist es 6.30 Uhr. Mickey ruft zum Frühstück im Zelt. Um das Zelt stehen ein Dutzend Riesenwagen mit Umkleidekabinen, Schminkräumen, Bürocenters.

Mickey («Jawohl – ich heisse wie die Maus») war Hotelküchenchef. Sprang für einen Freund «mal kurz für drei Wochen als fliegender Kantinenwirt bei einer Filmproduktion ein… und bin dann 35 Jahre im Geschäft geblieben!»

In der Wolfstreet blenden nun die Scheinwerfer mit der Sonne um die Wette. James Foley, Regisseur von Filmgrössen wie Jack Lemmon und Gene Hackman, erklärt einem kleinen Buben, wie er durch eine schmale Gasse davonrennen soll. Der schwarzhaarige Junge ist die Hauptfigur von «Two Bits», – Gerlando Barone ist unter 373 «Italian looking boys» ausgewählt worden. Sein Lehrer hatte den Aufruf im Radio gehört. Und Mutter Kim strahlt: «…wir wohnen in einem Vorort von Chicago. Natürlich haben wir noch nie etwas mit Film zu tun gehabt. Aber Gerlando hat schon immer gut Gedichte vorgetragen.»

Gerlando selber hasst das grosse Aufsehen, das man um ihn macht. In den Drehpausen tobt er mit «Al», seinem New Yorker Filmfreund herum. Die Warterei zwischen den Szenen und die ständigen Wiederholungen langweilen ihn – «Ok. Es

Wie in den Jahren der
Depression: Strassenszene
in Philadelphia.

Eine Party für die ganze Crew: der Produzent ist dafür besorgt, dass alle auf dem Set zufrieden sind.

ist immer noch besser als die Schule. Aber das Warten ist ätzend. Onkel Arthur hat mir als Trost ein Puzzle aus der Schweiz versprochen…»

Der Basler Produzent versprüht Sonne und gute Laune, organisiert dem Töchterchen des spanischen Kameramanns einen Gameboy aus Singapur (weil es den noch nicht hat). Oder er schaut, dass die Eltern von Drew, der Regieassistentin, einen der begehrten Plätze in einem New Yorker Musical erhalten.

Andy Romano, der in «Bugsy» mit Warren Beatty Filmgeschichte gemacht hat und hier nun einen Medicus spielt, sieht es so: «Ich bin das erste Mal bei Arthur

Aus neu macht man alt: die Wolfstreet in Philadelphia wird für «Two Bits» in den Look der Depressions-Jahre umgebaut.

Cohn dabei. Und es ist für mich auch das erste Mal, dass ein Produzent mehr ist als eben nur ein Filmemacher. Cohn nimmt sich Zeit für uns – Zeit für jeden. Das ist total ungewohnt – zumindest in dieser Branche.»

Auch Regisseur Foley gesteht: «Arthur Cohn ist so ganz anders als alles in der Filmwelt. Mit ihm hat für mich eine neue Ära des Filmens begonnen…»

Mit der hübschen Kostümverantwortlichen Claudia Brown, die ihm die Frauen in viel zu viel Pomp, eleganten Hüten und Hollywood-Firlefanz durch die Depression stöckeln liess, gab es allerdings einen kleinen Konflikt: «Liebe Claudia –

haben Sie am Weekend etwas vor?» Claudia lächelte erwartungsfroh: «Nein – ich bin noch frei…» Cohn lächelte zurück: «Dann nehmen Sie sich doch die Zeit, einmal genau zu lesen, was die Depression und ihre Auswirkungen zu bedeuten haben …»

Mittlerweile ist es Abend geworden. Tausende von Leuten stehen am Strassenrand. «Live dabei sein – das ist immer noch besser als TV-Konserven», erklärte Bill, einer der Anwohner. Und Lilly, die ebenfalls ihr Haus für die Dreharbeiten zur Verfügung gestellt hat, seufzt: «Seit vier Tagen ist hier nun der Teufel los. Morgen ist es vorbei. Da gehen alle weg – bin froh, wenn ich wieder mal schlafen kann, ohne durch ein lautes ‹Action please!› geweckt zu werden. Dennoch – irgendwie werden uns alle fehlen. Man hat uns zu einem Stück Geschichte gemacht – und wenn hier früher alles aneinander vorbeigelebt hat, so sind wir nun durch diesen Cohn mit seiner Filmerei plötzlich zu einer einzigen grossen Strassenfamilie vereint worden. Dafür gehörte ihm eigentlich mehr als ein Oscar…»

Mitternacht ist längst vorbei. «Great» – ruft James Foley. Und gibt das Zeichen zum Abbruch. Langsam fahren die alten Autos wieder weg. Die Gaslaternen erlöschen. Zurück bleiben ein paar Katzen. Und zurück bleiben 12 Kranwagen, welche die Welt von gestern abräumen. Und die Depression von heute wieder aufbauen wollen…

New York – Boston

New York:

In New York herrscht Weihnachtsstimmung. Die Bäume hängen voller Glühlampenmisteln. Rote Kläuse mit Kunststoffbärten klingeln den Passanten energisch einen Obolus aus dem Portemonnaie. Und die Luft trällert rund um die Uhr froh-rhythmische Christmas-Songs.

Auch im Regency-Hotel an der Park-Avenue ist man von dieser Hektik angesteckt. Sekretärinnen schleppen Stösse von Fax-Meldungen an. Ein Kamera-Team von CNN wartet bereits leicht gereizt seit einiger Zeit auf ein Statement. «Mister Cohn?!! Wo zum Teufel steckt er denn jetzt schon wieder?! Das ist bereits zum dritten Mal die Streisand, und von Cohn keine Spur», stöhnt der Concierge.

Stimmt nicht. «Big Arthur» – wie sie ihn hier nennen – sitzt derweil beim «Power-Breakfast». In diesem eleganten Frühstücksraum, wo die Kellner verschwiegener sind als die Beichtväter von Rom, entscheidet sich jeden Morgen ein Teil von New Yorks Börse. Hier werden Filmstars und Politik gemacht. Hier plant man das Soll und Haben des Weltgeschäfts. Denn hier sitzen Morgen für Morgen die Meinungsmacher der Staaten bei ihrem Dreiminutenei. Und brüten den Tag aus.

Auch Arthur Cohn brütet hier. Und löffelt seine Grapefruitschnitzchen. Man möchte meinen, ein Basler sei in dieser typischen New Yorker Power-Business-Welt ein Exoticum wie der Klee in der Wüste. Ist er nicht. Im Gegenteil – er sitzt am besten Tisch. Und hat wieder mal keine Zeit, weil ihn Washingtons wichtigster Filmmann, Jack Valenti, in Beschlag genommen hat.

Arthur Cohns Filme sind nie fertig. «Mister Sunshine» ist eben nicht nur eine Portion Charme. Er ist auch eine zünftige Ladung Perfektion. Cohn relativiert:

«In 90 von 100 Fällen wird ein Film in drei bis vier Monaten abgedreht. Fertig. Das ist natürlich Kommerz. Aber ich habe in meinen Filmen nie das Geschäft gesucht. Ich habe sie wie Kinder behandelt – und ihnen immer viel Zeit gewidmet.»

Boston:

Im College of Communications in Boston sprach Cohn zu 800 Studenten. Er geht auf die verschiedenen Fragen ein – erklärt, dass in Europa den Produzenten nur wenig Gewicht beigemessen werde. Dass der Regisseur in Europa viel wichtiger sei. Und dass er, Cohn, deswegen auch im alten Erdteil kaum denselben Stellenwert geniesse wie hier. Überhaupt sei die Arbeitsauffassung anders: «In Europa gibt's viel Neid – hier aber gönnt man dem andern den Erfolg. Daniel Lean, der legendäre Filmregisseur, hat mir einmal gesagt: ‹Richtigen Erfolg hast Du in Europa erst, wenn Du die Schwelle des Neides und der Missgunst überwunden hast.›»

Die eigentlichen Stars des Abends sind dieses Mal die Intellektuellen: Da ist der Chairman der Bostoner Universität, der 85jährige Arthur Metcalfe, der sein Haus nur noch bei ganz aussergewöhnlichen Anlässen verlässt. Da sind ferner der langjährige norwegische Parlamentspräsident Jo Benkow, und John Silber, Präsident der 150 Jahre alten Universität von Boston, der schliesslich Cohn im riesigen Vorführungssaal herzlich willkommen heisst und erklärt: «In einer vom Unmittelbaren besessenen Welt hat Arthur Cohn Weisheit. In einem vom Oberflächlichen und Spektakulären beherrschten Geschäft sucht er Tiefe und Sinn. In einem Medium, wo sich Grösse allzu oft am Dollar misst, setzt seine Kunst eigene Massstäbe. Indem er seinen eigenen Normen die Treue wahrt, setzte er Normen für die Filmindustrie.»

Jean Firstenberg, Präsidentin des American Film Institute, über Arthur Cohn, den Mann mit den Träumen: «Die Ansprüche, die Arthur Cohn an sich stellt, sind die eines Mannes, der einen Traum verfolgt. In diesem Traum verbinden sich Vision und Idee.» Firstenberg weiter: «Es beginnt damit, dass Arthur Cohn einer Geschichte Umrisse verleiht. Er dreht und wendet sie, er formt, prägt, gestaltet, gestaltet von Neuem. Unbeirrbar, doch behutsam, folgt er seiner Vision. Arthur arbeitet an einem Kunstwerk. Der Mann

Der Geehrte mit Dr. Jean
Firstenberg, Präsidentin des
American Film Institute,
Liv Ullmann und
Prof. Dr. John Silber, Rektor
der Bostoner Universität.

mit dem Traum hat es nicht eilig. Und sein Werk ist nie wirklich beendet. Arthur ist kein gewöhnlicher Produzent. Oft schneidet er noch an einem Film, der bereits gezeigt wurde. Denn er hört nie auf zu träumen.»

Cohn geht in seiner Ansprache dann auch auf die Universitäten seines Lebens ein: «Da gibt's eigentlich Drei: Basel – die ich mir zum Studium auserwählt habe. Boston, die mir mit ihrem Ehrendoktorhut für mein Schaffen Mut gab – und mein Elternhaus, das mich in so mancher Hinsicht prägte.»

Die Stadt bittet schliesslich im englischen Landhaus des Rektors zum Gala-

Begegnung im Zeichen einer besonderen Freundschaft: mit Elie Wiesel in New York.

essen. Der Basler wird von Boston geehrt. Nobelpreisträger Elie Wiesel aber bringt es während des Nachtessens in einem Toast am klarsten auf den Punkt: «Arthur rührt in seinem neusten Film verschiedene Themen an, die uns Menschen alle tief berühren und beschäftigen. Er zeigt uns jedoch keinen energischen Zeigefinger – sondern er bringt uns seine Aussagen mit einem leisen Schmunzeln bei. Nur ein weiser Mann kann seine Lehren so weitergeben, dass man sie leise aufnimmt und dabei noch von Herzen laut lachen kann…»

Premiere in Los Angeles

Das Kino in Los Angeles sieht aus wie im Film. Inmitten von Stahlpalästen und Betonsilos funkeln da tausend Glühlampen ein stimmungsvolles Lichter-Potpourri – das «Fine Arts Theater» auf dem Wilshire Boulevard ist eine Bonbonnière der 30er Jahre – ein Stück Traumkulisse der alten Filmwelt.

Vor dem Eingang mit dem livrierten Türvorsteher pulsiert allerdings die Hektik der mittleren 90er: Kamera-Teams aus aller Welt warten. Rund drei Dutzend Fotografen sind am Drücker. Und die Fans, Neugierige, Autogrammsammler, wollen sich das Happening nicht entgehen lassen. Die Stars surren mit meterlangen Blechkutschen zum Happening des Monats an: Premiere von «Two Bits».

Prompt muss Arthur Cohn in letzter Minute noch ein zweites Kino auftreiben, weil das «Fine Art» für die Premiere total ausgebucht ist: «Ich hätte nie geglaubt, dass da so viele Freunde aus aller Welt anreisen würden…», strahlt Cohn. Und füllt auch gleich noch das zweite Theater (das «Beverly Connection») mit zahlreichen VIPs.

Draussen ist es nun taghell geworden – die Blitzlichter spielen verrückt. Cohn steigt mit Claudia Schiffer und David Copperfield aus dem Wagen. Die Schiffer ist eigens aus Paris angejettet – Copperfield aus Las Vegas.

Im Theaterinnern, das hoffnungslos überbucht ist, versuchen die Platzanweiserinnen des Chaos Herr zu werden. Von der Decke leuchtet ein Glühbirnen-Bouquet. Darum herum: roter Plüsch und Lichterfontänen an den Wänden – kurz:

«

Arthur Cohn ist nach wie vor der beste Schweizer Botschafter in der Welt.

Hans J. Bär, Bankier

Applaus für «Two Bits»: Al Pacino und sein «Producer».

Man taucht in die 30er Jahre der Kinowelt ein. Und atmet bereits den Wind, der später von der Leinwand weht.

Cohn dankt den Gästen, «welche den Jetlag auf sich genommen haben, nur um mit mir zusammen in den Hollywood-Klatschspalten zu erscheinen» (Gelächter).

Und schliesslich geht sein Dank an Regisseur James Foley: «…er hat nicht nur ein Chef d'oeuvre geschaffen. Er hat auch mich während drei Jahren ausgehalten.» Foley kontert gerührt: «Arthur ist nicht nur der liebenswerteste Produzent. Er ist auf eine ganz wunderbare Art einfach

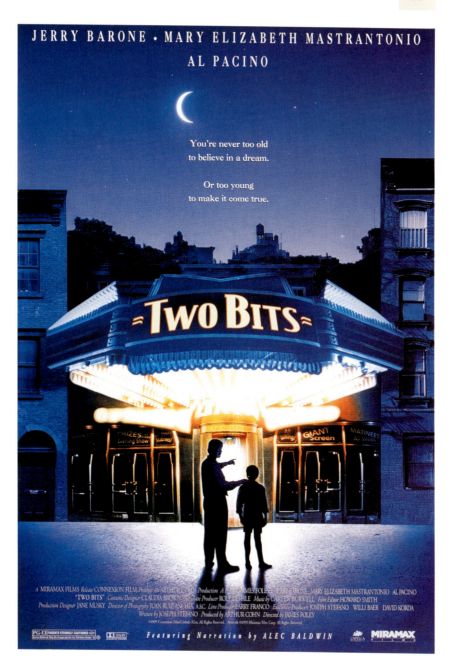

Bewunderung nach der Premiere: Glückwünsche von Jon Voight.

‹crazy› …hoffen wir für die Filmwelt, dass er weiter so ‹verrückt› bleibt.»

Während 90 Minuten nimmt der Streifen nun das Publikum in Bann, die Musik von Carter Burwell lässt Bonbons regnen, und die witzig-gescheiten Dialoge zwischen Grossvater (Al Pacino) und Enkel (Gerlando Barone) lassen den Jetlag vergessen. Der Applaus am Schluss sagt alles: Cohn hat wieder einmal mit seiner aussergewöhnlichen Sensibilität ins Schwarze getroffen. Die Premierenfeier findet auf dem weltberühmten Rodeo-Drive statt. Man steht Schlange am riesigen Buffet des In-Lokals «Schmick's» – die Organisation schwimmt. Auch hier kommen doppelt so viele Gäste als erwartet.

Lawrence Bender, Produzent von «Pulp-Fiction», berichtet live über den TV-Sender: «Einmal möchte ich den Mut haben, einen solchen Streifen zu drehen. Das ist kein Hollywood-Gigantismus – das ist ein ganz kleiner, ganz grosser Film…»

Früh morgens fährt uns das Taxi auf dem Wilshire Boulevard ins Hotel zurück. Das «Fine Arts Theater» löscht eben die letzten Lichter – die Resten einer funkelnden Premiere sind alle wieder weggeputzt.

«Two Bits»-Premiere in
Basel: Herzliche Glück-
wünsche von Senta Berger.

Premieren für «Two Bits» in aller Welt, hier in Amman. Der jordanische König Hussein, Königin Nur und Arthur Cohn nach der Film-Premiere im Palast der Königsfamilie.

Jane, das Mädchen hinter der Popcorn-Theke steht mit ihren Kolleginnen draussen. Sie betrachten die Plakate von «Two Bits», auf denen Al Pacino als Grossvater den kleinen Gerlando an der Hand nimmt. Schaut sich die Zeilen, die als Credo durch den Film gehen, an: «You're never too old to believe in a dream – or too young to make it come true…»

Sie nickt. Dann steigt sie in die alte, klapprige Blechkiste ihres Freundes und fährt mit ihrem Traum davon.

...und der sechste Oscar aus Basel!

Nach Hollywood hat auch Basel Arthur Cohn mit dem verdienten Oscar ausgezeichnet – dem Spalenberg-Oscar. Die Sperber haben dem Filmproduzenten 1996 nicht nur mit dem begehrten Strassenschild für seine Verdienste in und um Basel geehrt, sie haben ihm ganz nach dem Vorbild des Hollywood-Boulevards auch eine «Ehrentafel» in den Spalenberg einpflastern lassen.

Die Laudatio (sowie die Übergabe des Preises) gingen im Kaiser-Saal am Spalenberg über die Bühne:

Im November feierte Arthur Cohns Film «Two Bits» in Los Angeles Premiere. Die ganze 5-Star-Haute-Volée war präsent – Kirk Douglas in Erwartung seines Oscars, aber auch Faye Dunaway sowie Liz Taylor ohne achten Mann, dafür mit einem «Waschen-Legen-Gutschein» für unsern Arthur beim Prominenten-Coiffeur von Beverly Hills. Claudia Schiffer und David Copperfield surrten in einer dieser langgezogenen Limousinen an, in denen zwei Mannschaften Golf spielen könnten – auch Seine Excellenz Shenpen Rinpoche, Geistiges Oberhaupt der buddhistischen Religion, jettete aus dem Fernen Nepal in die USA, um zu zeigen, dass die Anlässe von Arthur Cohn eine noble Sache sind. Alle diese grossen Namen der noch grössern VIP-Welt haben Arthur die Reverenz erwiesen – und heute also sind wir aus der Provinz in Basel an der Reihe.

Ein Star in Hollywood – eine Ehrentafel in Basel.

Cohn selber wirkt ja in solchen Ehrungsmomenten eher gehemmt. Man weiss nie recht, ob ihm solche Ehrungen und die Trommelwirbel um sein Ego auch recht sind. Immerhin konstatiert er am

Arthur Cohn habe ich vor vielen Jahren kennengelernt. Wir arbeiteten in verschiedenen Organisationen zusammen. Seine Feinfühligkeit hat mich immer wieder fasziniert. Überdies haben wir gemeinsame Freunde: die Schauspieler-Familie Fonda. Als junge Frau war ich bei Henry Fonda's Familie Lehrerin – da habe ich zum ersten Mal den Glamour Hollywoods mitbekommen. Arthur bringt mir diese Zeit zurück....

Emilie Lieberherr, Zürich

Arthur Cohn ist ein Künstler und Zauberer, ein lieber Mensch und guter Freund. Ich begleite ihn, wünsche Gesundheit, Schaffenskraft mit Glück! Von Herzen –

Paul Sacher

andern Tag aber ganz genau, was und wieviel in den Zeitungen über ihn erschienen ist.

Zwei Tage nach dem Grossanlass in L.A. also, als Arthur Cohn mich Provinz-Ei ins Flugzeug nach Basel verfrachtet hatte, zog er vor dem Abflug noch ein Couvert aus seinem Aktenberg. Das Couvert hatte Schweizer Briefmarken und einen Basler Absender: Sperberkollegium. Ich ahnte, was die Sache bedeuten könnte. Arthur liess mich alles lesen – und stellte dann die entscheidende Frage: «Was ist das eigentlich – das Sperber-Kollegium? Und was ist ein Spalenberg-Oscar?» Ich habe ihn aufgeklärt, dass die Auszeichnung eines «Ehrenspalenberglemers» nun seit 20 Jahren an Personen, die sich um Basel verdient machen, verliehen würde. Und eigentlich sei es höchste Zeit, dass auch er mit diesem Titel ausgezeichnet würde.

Seine nächste Frage war dann typisch: «Hat Ernst Beyeler diesen Oscar schon?» Ich verneinte. «Und Paul Sacher?» Wieder schüttelte ich den Kopf. Daraufhin meinte Arthur bescheiden, aber er könne doch diese Auszeichnungen nicht *vor* den beiden annehmen. Ich habe ihm daraufhin geantwortet, er solle sich nicht so anstellen…

Jetzt wollte big-Arthur wissen, wer denn an so einem Grossanlass alles aufmarschiere und wie das vor sich gehe – doch erst als ich ihm erklärte, dass auch die Regierung eine Laudatio auf ihn halten werde, horchte er auf: «Kommt Veronica Schaller?» Ich zuckte die Schultern: «Es sind bald Wahlen – vermutlich kommen alle…»

Da war er aber bereits festgefahren: «Nein. Ich will, dass eine Frau für mich redet. Wenn's Veronika macht, nehme ich den Ehrenspalenberglemer gerne an.»

Er zeigte dann noch auf einen Hinweis von Sperberboss Fredy Glaser, der ihn bat, ja alles geheimzuhalten. Höchst geheim. Und niemand dürfe etwas erfahren…

In Basel holte mich mein Freund Innocente am Flughafen ab, und das erste, das er mir erzählte: «Also es ist alles höchst geheim und niemand darf etwas davon erfahren – aber drei Mal darfst du raten, wer der nächste Ehrenspalenberglemer sein wird…»

Das ist auch so etwas Grossartiges an Arthur Cohn. Er findet ganz im Geheimen statt. Und doch redet jeder und alles über ihn. Auch wenn er manchmal selber noch an seine Legende glaubt, in Basel kenne ihn kein Mensch…

Als ich ihn das erste Mal interviewte, war ich speziell von seiner Bescheidenheit beeindruckt. Es schien fast, als wäre es ihm peinlich, über seine Erfolge reden zu müssen. «Es ist schliesslich nicht mein Verdienst», erklärte er. Und: wir sollen im Bericht nicht übertreiben…

Ich beruhigte ihn, es seien nur 80 Zeilen und ein Foto vorgesehen. Da schaute er aber sofort auf: «Ach ja? Die ‹Frankfurter Allgemeine› hat gestern aber eine ganze Seite und sechs Fotos von mir gebracht. Und das Magazin der ‹Süddeutschen Zeitung› hat gar ein Interview in ihrem Magazin geplant…»

Diese erste Begegnung war der Anfang zu einer Freundschaft – und ich kenne kaum jemanden, der Freundschaft so pflegt wie Arthur. Damit meine ich nicht die grossartigen Einladungen vor seinen Premieren. Arthur versteht es, Leute in seine eigene Traumwelt zu entführen. Er führt ihnen vor Augen, was im Leben wirklich wichtig ist: nicht Ruhm und Geld – nein. Die Zeit. Und der Mensch…

Als er mich in Los Angeles einmal in das «Milky Way» führte, ein kleines Restaurant, das die Mutter des berühmten Regisseurs Spielberg führt, da kam Steven auf ihn zu und umarmte Arthur: «I wish,

I had the courage to do all the important movies you do…»

«Ich kenne auf der ganzen Welt keinen verrückteren und grosszügigeren Produ-

Arthur Cohn wurde in den Kreis der «Ehrespalebärglemer" aufgenommen. Diese Auszeichnung ist sicher das weltabgewandteste, was man sich vorstellen kann. Basel kultiviert mit diesem Orden, dessen Namen Aussenstehende oft kaum aussprechen können, seine verschrobene Provinzialität, seinen Kleinstadt-Charakter. Und ausgerechnet Arthur Cohn erhielt diese seltsame Auszeichnung – der Kontrast könnte nicht grösser sein.
Aber der fünffache Oscar-Preisträger, der sich mühelos auf dem glatten Parkett dieser Welt zu bewegen pflegt, nahm den skurrilen Spalenberg-Orden mit grösster Freude entgegen. Dass sich ein mit Ehren überhäufter Akteur der internationalen Filmwelt über etwas dermassen Kleinstädtisches und Lokales so freuen konnte, hat mich sehr beeindruckt. Gerade wer in vielen Kulturen lebt und auf weltweiter Bühne wirkt, muss irgendwo seine ganz persönlichen Wurzeln haben – das wurde mir an jenem Abend am Spalenberg deutlicher als je zuvor.

Moritz Suter, Crossair

zenten als Arthur», hat Mickey mir einmal erklärt. Mickey war der Koch der Filmcrew zu «White Lies», jener Koch, dem ich bei den Dreharbeiten zu «Two Bits» schon begegnet bin. Und dieser Koch hat die Welt nicht mehr verstanden: «Arthur behandelt seine Arbeiter, wie die Filmbosse nicht einmal ihre Super-Stars behandeln: er lässt ihnen das Beste vom Besten auffahren…».
Als ich Arthur darauf ansprach, winkte er ab: «Was ist denn Grosszügigkeit? Das ist ein grosses Wort – wenn ich andern Menschen eine Freude bereite, so tue ich es in erster Linie für mich selber. Nicht etwa mit dem Hintergedanken, einmal etwas zurück zu bekommen – nein ich mache mir diese Freude zu meinem persönlichen Geschenk. Ganz einfach weil es mir eine Freude macht, wenn sich andere freuen können…»

Und wenn die Stadt Basel sich jetzt die Freude macht, den Spalenberg zu Ehren Arthur Cohns in einen zweiten Hollywood Boulevard umzufunktionieren, wenn man dort nun seinen «Star of Fame» leuchten lässt, und wir ihm damit sagen wollen, dass wir stolz auf ihn sind, weil er unsere Stadt und uns alle in der ganzen Welt besser vertritt, als wir je sein können – und wenn ich hier nun wie an die-

Zu Gast bei Arthur Cohn
in Basel: Joseph S. Blatter,
Präsident der Fifa.

sen bunten Oscar-Abenden das Couvert aufreissen und verkünden sollte: «And the winner is…», nein. So ist es eigentlich nicht Arthur. Sondern die «winners» sind wir alle, die ihn zum Freund haben dürfen – wir Basler.

Aus der Dankesrede Arthur Cohns an das Sperberkollegium:

«Lieben ist wichtiger, als geliebt zu werden – dieser Satz des Verlegers Axel Springer ist für mich eine Leitlinie des Lebens. Aber wenn Liebe mit Freundschaft, ja mit Dankbarkeit anerkannt wird, dann ist man doppelt glücklich. Und es geht,

Arthur ist und bleibt der Grösste. Auch in der Freundschaft.

Joseph S. Blatter, Präsident, FIFA

wenn von Basel die Rede ist, um eine Art Liebe.

So oft werde und wurde ich in Hollywood gefragt, warum ich nicht das triste Wetter Basels gegen die warme Sonne Kaliforniens eintausche. Und ich habe immer gesagt: weil in Basel eine andere Sonne scheint. Die Sonne des Humanismus, einer einmaligen Kultur im Dreiländereck, eine Sonne, die über einer Geschichte scheint, die glückliche Tage und dunkle Stunden erlebte.

Basel, das ist und bleibt für mich der Heimathafen, von hier fahre ich in die Welt, hierher komme ich immer zurück. Die Treue zu Basel, meine Verbundenheit mit Ihnen, liebe Freunde, wurde heute in einer Art und Weise verdankt, die ich mir nie hätte vorstellen können. Gerührt und glücklich zugleich möchte ich Danke für all das sagen, was mir heute an Freundschaft, Zuneigung und Anerkennung entgegengebracht wurde.»

« Faszination? Sie liegt wohl darin, dass mit Arthur nichts so ist, wie man meint. Dass oben unten, dass blau eigentlich doch grün ist. Dass das Alltägliche aus einer endlosen Folge von Ausnahmen besteht, Routine eine Kette von Aufregungen ist, beliebig dehnbar, und die atemberaubenden Überraschungen zum Selbstverständlichen gehören. Das ist doch nicht möglich! Es ist möglich. Ist das zu fassen? Es ist zu fassen. Hat man sowas schon gesehen? Man hat. Oder man ist Arthur Cohn noch nicht begegnet.

Annedore von Planta

Ordens-Ehren in Paris: «Commandeur de l'Ordre des Arts et des Lettres»

Eines Tages erhielt Arthur Cohn vom französischen Kulturministerium einen Anruf: «Wir haben beschlossen, Sie mit den Insignien eines ‹Commandeur de l'Ordre des Arts et des Lettres› auszu-zeichnen…, dem höchsten französischen Orden für einen Ausländer.»

Das Ministerium in Paris und seine Sekretäre informierten Arthur Cohn, dass es verschiedene Stufen dieses Kulturordens

Kulturminister Jacques Toubon mit dem Ehrengast aus Basel.

gäbe. Da seien beispielshalber die «Chevaliers». Unter ihnen finde man Mireille Mathieu, Gérard Dépardieu oder Johnny Hallyday. Sie alle hätten sich um den französischen Staat verdient gemacht – um die «Frankophonie». Und um die französische Kultur im weitesten Sinne... Dann gäbe es die «Officiers» – unter ihnen der Künstler Vasarelli, der Choreograph Roland Petit, aber auch Meisterkoch Pierre Troisgros oder der Schauspieler Michel Piccoli. Der «Commandeur» jedoch werde nur ganz selten verliehen. Und sei ganz aussergewöhnlichen Ehrungen und Persönlichkeiten vorbehalten. Ob er also annehme?

Cohn überlegte – und was sind die Auswirkungen?

Die Sekretäre hüstelten: «Nun – da ist dieser prächtige goldglänzende Orden am grünweissen Seidenband. Den trägt man natürlich nur an offiziellen Anlässen. Für den Werktag gibt's einen kleinen Knopf ins Revers. Aber dieser Knopf kann schon mal bewirken, dass ein Polizist die Augen zudrückt, wenn Sie falsch parkieren und...»

Cohn blieb gelassen: ‹Ich fahre nicht Auto. Aber ich nehme den Orden trotzdem gerne an...›

Die offizielle Einladung vom französischen Kulturminister Jacques Toubon kam dann goldgedruckt. Der Minister bat Arthur Cohn zur Ordensverleihung in die Salons des Ministeriums – verschiedene Gäste waren zum Zeremoniell eingeladen.

Parallel zur Ordensverleihung erhielt der Basler Filmproduzent die ehrenvolle Aufforderung, die Jury der Filmfestspiele in Berlin zu präsidieren. Hier musste er die Veranstalter auf ein späteres Jahr vertrösten: «Wir sind in den Schlussphasen unseres Films ‹Two Bits› mit Al Pacino in Los Angeles – und deshalb muss ich Berlin leider absagen...»

In Paris dann grosser Bahnhof im «Le Bristol» an der Faubourg St-Honoré. Elie Wiesel, der Nobelpreisträger, ist mit seiner Gattin Marion eigens aus den Staaten eingeflogen, um zu Ehren seines Freundes vor der Ordensverleihung beim Mittagessen im «Grand Véfour» dabei zu sein. Claudia Schiffer bringt eine Karikatur, auf der sie zusammen mit «ihrem» David Copperfield «King Arthur» zu Füssen liegt. Neben der langjährigen Cohn-Vertrauten und stets jugendlichen Anouk Aimée («Un homme et une femme») gibt Michel Piccoli, der grosse Mann des französischen Films, dem Basler die Ehre.

Wenige Wochen vor der
Ehrung in Paris:
Treffen mit Staatspräsident
François Mitterand.

Die amerikanische Botschafterin in Frankreich, Pamela Harriman, erscheint etwas verspätet. Ihr Chauffeur ist in den Lehrer-Demonstrationen beim Boulevard St-Germain steckengeblieben. Und hat's dann doch noch geschafft. Lediglich der Schweizer Botschafter in Paris, Edouard Brunner, hat sich entschuldigt.

Der Basler Produzent dankt nicht nur dem französischen Kulturministerium «pour le grand honneur», sondern vor allem seinem Freund Elie Wiesel: «Viele bezeichnen dich als Kämpfer für Toleranz und gegen Ungerechtigkeit. Deine hervorragendste Eigenschaft jedoch ist, dass du immer wieder gegen Gleichgültigkeit ankämpfst … »

Cohn darf schliesslich selber hohes Lob entgegennehmen: Er habe es sich zur Aufgabe gemacht, mit verstehender Weisheit und Güte für Menschen dazusein, die nicht im Rampenlicht der Öffentlichkeit und nicht auf der glücklichen Seite des Lebens stehen.

Dann Aufbruch. Und eiliger Fussmarsch durch den Garten des Palais Royal zum Kulturministerium. Noch muss die Gesellschaft im riesigen Vorsalon warten – ein Salon, der vor zehn Jahren mit weissblauen Dekorationen von Pierre Alechinsky gestaltet worden ist. Nun öffnet sich die Türe zum Zeremonienraum: viel Gold… viel Kristall… viel Luster… Dafür dann wenige Sessel. Denn die Zeremonie wird stehend abgehalten. Und der kleine Cocktail anschliessend zum Steh-Empfang.

Auf dem Cheminéesims des königlichen Raums mit dem Prachtblick auf den Palais-Garten funkelt der Orden. Vis-à-vis funkelt Jérome Bonaparte riesig in Öl. Und nun funkeln auch die Brillengläser des «Ministre de la Culture et de la Francophonie». In einer ausführlichen Laudatio ehrt Jacques Toubon Cohn für dessen Schaffen, erwähnt seine Oscars, seinen Ehrendoktortitel, seinen Star of Fame, ja all seine Auszeichnungen – und geht insbesondere auf die Tatsache ein, dass es der Basler gewesen sei, der für die Franzosen Jean-Jacques Annaud als Regisseur entdeckt habe. Er schliesst mit den Worten, wie genial Cohn es verstehe, den schmalen Weg des Produzenten zu gehen, der Kunst im wahren Sinne produziere und dabei dennoch dem «Business» seines Berufs gerecht werden müsse. Leuten wie Cohn sei es zu verdanken, dass die Filmkunst nicht in der Oberflächlichkeit und im reisserisch Banalen, das nur Geschäftsdenken im Vordergrund habe, versinke…

Zwei gute Freunde:
Wiedersehen mit
Michel Piccoli, dem
Hauptdarsteller in
«Diagonale du Fou».

Damit ernannte Jacques Toubon Arthur Cohn feierlich zum «Commandeur de l'Ordre des Arts et des Lettres».

Der Ordensträger bedankte sich in kurzen Worten und gab die Ehre weiter an seine Eltern, die Basler Marcus und Rose Cohn, deren humanistische und ethische Lehren ihn geprägt hätten. Und weiter an alle seine Freunde, die nun an seinem Leben und Schaffen Anteil nehmen: «…eben deshalb ist es nicht nur mein Orden. Sondern auch euer Orden.»

Arthur Cohn macht immer wieder Geschichte

Und Geschichten. Eine Filmgeschichte, die das Leben schrieb.

Ungewöhnliche Menschen leben ungewöhnliche Leben. So kann auch das Verschicken eines Päckchens «Basler Dybli» zur grossen Story werden – natürlich nur, wenn die Schokolade von Cohn verschickt wird.

Das ist eine Geschichte, wie sie nur das Kino zeigt. Entsprechend ist sie auch einem Filmmenschen passiert: Arthur Cohn. Die Stars der Story tragen keine grossen Namen. Dennoch sind es die süssesten Täubchen der Welt: Basler Dybli.

Das Ganze ist eine eigentliche Ferien-Geschichte – auch wenn die Tauben in alle Welt geflogen sind. Das erste Bild zeigt uns ein Restaurant am Hafen von Cannes, elegant und gemütlich: Das Voile-au-Vent.

Während der Filmfestspiele ist es ausgebucht. Der glanzvollste Abend gehört dem Filmproduzenten Arthur Cohn. Das Dîner, das der fünffache Oscarpreisträger hier jedes Jahr für 29 Freunde gibt, gehört zu den Film-Traditionen dieser Flimmerglimmerwelt. Die Einladungskarte ist fast schon ein Oscar – und seit 14 Jahren wird das gleiche Essen serviert. Spargel, Loup de Mer, Walderdbeeren…

An eben diesem Essen (über das «New York Times», «Hollywood Reporter» und «People» immer wieder als «gesellschaftlicher Höhepunkt der Filmfestspiele» berichten) kommen zum ersten Mal unsere Basler Dyblis ins Spiel. Cohn bringt sie stets aus Basel mit. Und setzt die Schokoladenschachtel von Brändli als verführerischen Tischkartengruss jeweils jedem Gast auf die Serviette.

Zu den eleganten Gästen dieser Zeremonie gehört nun auch Madame Kawakita. Man kann sich vorstellen, dass Madame Kawakita nicht einfach Madame Kawakita ist. Sie besitzt zufällig die grösste Kino-Kette der Welt. Und eben diese reizende japanische Dame ruft Arthur Cohn eines Tages an: «Unsere Firma feiert in Tokio ihren 60. Geburtstag. Ich werde eine kleine Einladung geben. Und sollte ein Erinnerungsgeschenk haben. Vielleicht haben Sie eine Idee, Arthur…?»

Arthur Cohn ist berühmt für seinen Charme. Und ebenso berühmt für seine Ideen. Deshalb: «Wie wäre es mit den Basler Dybli – Sie wissen doch: die süsse Surprise auf der Serviette im ‹Voile-au-Vent›… the sweet little pigeon of Basel?»

Madame ist von Täubchen begeistert. Arthur Cohn bittet darauf die japanische Botschaft in Bern, man möge ihm doch «zum 60. Geburtstag der Firma Toho-Towa» ins Japanische übersetzen. Das

Arthur Cohn connaît mes sentiments pour lui. C'est la tendresse de la vraie amitié.

Jean-Jacques Annaud
Regisseur von «Black and White in Color»

Spruchband käme dann auf die Schokoladenschachtel.

Die schönen Buchstaben werden auch prompt geliefert. Cohn schickt sie zur Überprüfung nach Tokio – dort lächelt man wieder: der Spruch sei zwar genau richtig. Man ziehe jedoch den englischen Satz «On the happy occasion of the 60th anniversary of Toho Towa» als Dybli-Bauchbinde vor. Englisch komme in Japan stets besser an als Japanisch…

Cohn lässt alles umdrucken. Und erkundigt sich bei Kashika Kawakita nach der Stückzahl der Dybli-Schachteln. Diese kabelt zurück, sie werde ihm die Zahl der Gäste genau durchgeben – vorher müsse sie aber noch wissen, was in den Basler Dybli drin stecke. Der Zoll mache nämlich wegen wertvollen Farbstoffen Schwierigkeiten…

Die Basler Confiserie beeilt sich daraufhin, ihre Dybli-«Ingredients» in einem «official statement» durchzufaxen: Almonds, sugar, chocolates, butter. Im übrigen KEINE Farbstoffe. Daraufhin faxt Japan wieder: Der Zoll ist zufrieden. Die Bestellung läuft. Wir brauchen 1730 Pakete.

Arthur Cohn erschrickt angesichts der grosszügigen Gäste-Zahl. Und die Kon-

«Sky Above, Mud Below /
Le Ciel et la Boue» kam
auch in Japan in die
zahlreichen Kinos der Toho-
Cinema-Chain.

ditoren bei Brändli erschrecken noch mehr. «Das sind über 800 Kilo», – das ist ja ein beachtlicher Bestandteil der Jahresproduktion – und dies alles innert 10 Tagen? Nur wenn wir Nachtschichten einlegen…»

Sie legen. Und so stehen 31 Kartons Schokolade mit einem Gesamtgewicht von 843 Kilos zum Abtransport nach Japan im Flughafen-Hangar. Die süssen Tauben sind zum Fliegen bereit. Eine Transportfirma hat sie übernommen – drei Tage später sollen sie in Tokio landen.

Fünf Tage später kommt ein verzweifeltes Telefon aus Japan. «Die Tauben sind noch nicht da. Was ist los?» Arthur Cohn beruhigt Japan. Und beun-

Nachrichten

Arthur Cohn in Hiroshima

BaZ. Aus Anlass des fünfzigsten Jahrestages der Kapitulation Japans bemüht sich die Regierung der Stadt Hiroshima, die Geschichte des Zweiten Weltkrieges aufzuarbeiten. In diesem Rahmen eröffnete am Donnerstag das Simon Wiesenthal Center, Los Angeles, in Hiroshima die Wanderausstellung «The Courage to Remember».

Gleichzeitig lud der Bürgermeister der Stadt, Takashi Harioka, den Basler Filmproduzenten Arthur Cohn nach Hiroshima ein, um seine Filme «The Final Solution» und «Die Gärten der Finzi Contini» zu zeigen.
An einem feierlichen Empfang im legendären Peace Memorial Park mit Spitzenvertretern aus Politik, Wissenschaft und Wirtschaft erklärte Bürgermeister Harioka: «Es braucht Filme wie diejenigen von Arthur Cohn, um der jungen Generation zu zeigen, welche Dimensionen der Weltkrieg in Europa hatte, und es braucht vor allem Produzenten wie Arthur Cohn, die den Mut haben, solche Filme auch zu realisieren.» Arthur Cohn, der beim Denkmal der zivilen Opfer von Hiroshima gemeinsam mit Ehrengästen aus den USA in einer Gedenkstunde einen Kranz niederlegte, zeigte sich über den herzlichen Empfang in Hiroshima tief beeindruckt. Er schrieb ins Ehrenbuch der Stadt: «Es ist die Verpflichtung von uns allen, sich an das zu erinnern, was geschehen ist, damit wir nicht dazu verflucht sind, es aufs Neue erleben zu müssen.»

Reisen in alle Länder der Welt – auch nach Japan: die «Basler Zeitung» berichtet über einen Besuch in Hiroshima.

ruhigt die Transportfirma. Dort geht man der Sache nach. Und stellt erschüttert fest: Die Tauben brüten in Taipeh. Aus Ersparnisgründen hat man sie über Amsterdam in Richtung Osten schicken wollen. Nun haben sie sich verflogen. Cohn inspiriert sich nun durch den grimmigen Löwen der Metro Goldwyn-Mayer. Er versucht vehement, die Tauben endlich an den Zielort weiterfliegen zu lassen...

Man verspricht, sie sofort loszueisen und nach Tokio weiter zu transportieren. Dort kommen sie dann auch an – Cohn will schon aufatmen, als ihm Frau Kawakita traurig mitteilt: «Dear Arthur – sie sind hier. Aber 238 Pakete sind lädiert. Unbrauchbar. Die Schachteln müssen in Taipei vor dem Weiterladen in die China Airlines im Regen gestanden haben. Aber ich kann nur ALLEN Gästen so ein Präsent machen – allen oder keinem...»

Daraufhin jagt Cohn einmal mehr zu den Konditoren. Fleht diese an, nochmals zwei Nachtschichten einzulegen... und organisiert mittlerweile einen normalen Linienflug Zürich – Tokio, der die süsse Last mitnehmen soll. Schliesslich sind auch die 238 Pakete fertig. Sie werden auf

Im Talmud wird gesagt:
«Wer ist weise? Wer von
jedem Mensch etwas lernen kann.
Wer ist stark? Wer seine Leidenschaft
besiegt.
Wer ist reich? Wer mit seinem Los
zufrieden ist.
Wer wird von den Menschen geehrt? Wer
die Menschen ehrt.»

Dies ist und lebt Arthur Cohn, dessen Filme
an Poesie und Weisheit so reich sind.
Wichtiger als all dies ist mir aber, dass ich
mit keinem Menschen so gelacht habe, wie
mit ihm!

Anne-Sophie Mutter

den Basler Flughafen transportiert – und Cohn atmet auf: «In drei Tagen sind die neuen Tauben bei Euch», meldet er den Japanern fröhlich durchs Telefon. Doch nach vier Tagen melden diese weniger fröhlich: «Die Tauben sind nicht angekommen. Und in drei Tagen ist unser Fest...»

Daraufhin setzt Cohn alle Hebel in Bewegung, um ausfindig zu machen, wo – zum Teufel – die Basler Dybli herumbrüten. «Sie sind noch im Sicherheits-Hangar», flüstert man auf dem Basler Flughafen entsetzt, «man hat sie vergessen einzuladen…»

Arthur Cohn ist Umtriebe gewöhnt. Er behält in solchen Situationen eiserne Nerven. Auch jetzt. Sofort werden private Transportwagen gechartert. Diese jagen nach Frankfurt. Dort steht die Japan Airlines eben zum Start nach Tokio bereit. Die berühmten Basler Dybli werden nun als Passagiere an Bord verfrachtet. Und kommen endlich anderthalb Tage später, neun Stunden vor dem grossen Fest, auf dem Flughafen Narita in Tokio an.

Man kabelt einmal mehr an Arthur Cohn – diesmal mit frohem Lächeln: «Ende gut – alles gut! Die Schachteln sind auf dem Weg ins Hotel Imperial für die Party. Tausend Dank».

Am Tag darauf bekommt Arthur Cohn ein weiteres Telefax aus Tokio:

Arthur Cohn hat es sich zur Aufgabe gemacht, mit verstehender Weisheit für Menschen dazusein, die nicht im Rampenlicht der Öffentlichkeit und nicht auf der glücklichen Seite des Lebens stehen. In seinen Filmen ist er Mahner und Erzähler, als Privatmann ist er selbstlos gütig und hat die Eigenschaft, die den meisten von uns nicht mehr eigen ist: Er kann zuhören. Vielleicht liegt hier das Rezept zu seinem Erfolg, der ohne Beispiel ist. Vielleicht ist sein Leben und seine Art, die Dinge zu sehen, eine Lehre für alle, die durch das Leben hasten und nur sich selber sehen.

Frank Elstner

«Dear Arthur, wegen des beängstigenden Gesundheitszustandes unseres Kaisers haben wir das Firmen-Fest von heute leider kurzfristig absagen müssen…»

Sundance-Festival: Weltpremiere von «Central Station»

Mit «Central Station» hat Arthur Cohn einen neuen «Wurf» gelandet. Der Film vom jungen, brasilianischen Regisseur Walter Salles, der unter schwersten Bedingungen mitten in Brasilien gedreht wurde, begeisterte an seiner Premiere in Salt Lake City ganz speziell das junge, intellektuelle Publikum des Sundance-Festivals.

Robert Redford hatte als Präsident des Filmfestivals Cohn eingeladen: «Central Station» eröffnete die Festwoche. In Brasilien hat man den Film als «Markstein in der Geschichte des brasilianischen Films» bejubelt. Einen Monat später ist der Streifen mit der grossartigen Fernanda Montenegro in Berlin mit einem goldenen und einem sibernen Bären ausgezeichnet worden.

Es schneit in Salt Lake City. Autokolonnen gleiten lautlos über den weissen Teppich. Sie fahren in die Berge zum Skiing. Denn hier, wo in einigen Jahren die Olympischen Winterspiele über die Pisten jagen sollen, ist St. Moritz in USA…

Allerdings – heute haben die meisten Limousinen keine Skis aufgeschnallt. «Filmleute», erklärt Bob, der uns vom Flughafen nach Park City fährt. «Man erkennt sie an den teuren Windjacken und am käsigen Bleichgesicht.» Bob ist Student und poliert sein Taschengeld während des Sundance-Festivals als «Driver» auf – ganz gegen den Willen seines Vaters. Dieser ist Mormone und den Filmleuten nicht eben grün. «Dad will, dass Park City eine unberührte Oase für Naturfreunde bleibt…», erklärt Bob, «…so reden hier die meisten Alten. Denen sind die Jungen aus New York oder LA suspekt.»

Ausgerechnet der Stolz der Region und Amerikas Film-Beau Robert Redford hat die idyllischen Schneehügel zum Meetingpoint intellektueller Filmleute gemacht. Er hat den Hollywood-Glamour ganz einfach aufs Eis gelegt – und in Sundance, seinem kleinen Wohnort, eine Handvoll Regisseure und Produzenten ans Kaminfeuer gebeten. Das war 1981, und so hat Redford das Sundance-Festival ausgerufen. Seither ist Park City zum Treffpunkt unabhängiger Produzenten und junger Filmemacher geworden.

Lawinenartig ist das wohl einzige Filmfestival, das mit Wollfäustlingen und Skischuhen besucht wird, gewachsen. Was mit 31 Filmvorführungen in einem vergammelten Kino der 50er Jahre begonnen hat, zeigt heute 117 Premieren in 113 neu gebauten Theatern.

Wie Bobs Vater sind die Bewohner der beiden kleinen Winterkurorte Park City und Sundance nicht voll eitel Begeisterung über die alljährliche Invasion mitten in der besten Skisaison. Längst weiss keiner mehr, wie und wo man all die vielen Gäste während der Festspiele unterbringen soll. Auch das Hotelpersonal macht nicht unbedingt Luftsprünge, wenn die Jungfilmer aufkreuzen: «Sie nennen sich zwar ‹alternative Szene› – aber sie haben grössere Ansprüche als Stars von Hollywood oder Beverly Hills.» Tatsächlich – es erwarten sie ein Meter Neuschnee, sibirische Temperaturen und tonnenweise Pflotsch auf der «Main Street».

Das sind keine idealen Voraussetzungen für Hochhackige und Nylons – entsprechend freut sich allerdings Harry, der ein Sportgeschäft führt: «Nie gehen so viele Pullover und Latzhosen wie im Januar, wenn die Filmleute kommen.»

Trotzdem schrecken weder die bedeutendsten Filmkritiker der Staaten noch die namhaftesten Produzenten vor den Schneewehen zurück. Sundance – das bedeutet für sie heute der Erfolg von morgen. Und immerhin war es beispielsweise vor Jahren «Shine», der seine Weltpremiere in Sundance feiern konnte. In diesem Jahr nun wurde das Festival von Arthur Cohn eröffnet. Seine neuste Produktion «Central Station» hatte Weltpremiere im fertiggewordenen Eccles-Theater mit 1200 Plätzen.

Aus aller Welt sind nun die Kollegen und Filmleute zum Event angereist; allein aus Brasilien haben sich drei Kamerateams und 19 Journalisten für «Central Station» angemeldet (und nach der Premiere dann den Film auch in ausführlichen Berichten bejubelt). Auch Robert Redford, als Präsident der Sundance-Festspiele, hat in seiner Eröffnungsrede für hohe Erwartungen gesorgt: «Arthur Cohn garantiert mit seiner sensiblen Art, Filme zu schaffen im-

In den Studios des
TV-Senders «Sundance
Channel».

mer wieder für ein ungewöhnliches Erlebnis. Mit Walter Salles hat er einen jungen Regisseur verpflichten können, der mit diesem Film nicht nur dem brasilianischen Filmschaffen neue Impulse geben wird, sondern auch ein Meisterwerk gedreht hat, das überdauern wird. Sundance ist stolz darauf, dieses Werk aus der Taufe zu heben…»

Bereits vor zwei Jahren hat Sundance dem Skript zu Cohns Film den «Cinema 100 Award» verliehen. Entsprechend bedankte sich Regisseur Salles auch beim Publikum: «Das hat uns Mut gegeben, dieses sicherlich nicht einfache Projekt durchzuführen…»

Typisch für den Film und wohl auch für die Situation des Landes ist die Geschichte, wie der jugendliche Hauptdarsteller entdeckt wurde: «Über 2000 Burschen hatten sich zum Casting gemeldet – zum Schluss kamen fünf in die engere Auswahl. Eine Woche vor Drehbeginn hat dann auf dem Flughafen von São Paulo ein Schuhputz-Junge den Regisseur Walter Salles angesprochen. Es regnete draussen – und er hatte nichts verdient. So pumpte er Geld für einen halben Hamburger – die andere Hälfte hatte er anderswo zusammengetrommelt.

Als Salles den Buben sah, wusste er: Das ist Josué. Er hat uns entdeckt. Nicht wir ihn…»

Wie wichtig «Central Station» in den USA eingestuft wurde, machte der Ansturm zur Pressekonferenz vor der Premiere in Sundance deutlich – die wichtigsten Filmkritiker der Staaten waren vertreten. Regisseur Salles betonte, dass die Erfahrung, mit Cohn einen Film drehen zu dürfen, wohl etwas Einzigartiges sei. Sicher – Arthur sei kein Yes-Mann und so mitunter schwierig. Aber immer wieder habe er einen grossartigen Input an Ideen und originellen Vorschlägen beigesteuert – Zeit- oder gar Finanzdruck habe es nie gegeben. In den Filmen, die Arthur produziert, ist seine Handschrift wirklich sichtbar. Und erst nach dieser kreativen Zusammenarbeit habe er begriffen, was Arthurs Schaffen wirklich ausmacht: «Elegance» und Herz.

Im ausverkauften Eccles-Theater haben Kritiker und Besucher den neusten Film des Basler Oscar-Preisträgers begeistert aufgenommen. «Es sind Szenen, die total unter die Haut gehen», erklärte «Cinema Paradiso»-Produzent Antoine de Clairmont-Tonnere (seine Gattin Martine war an der Produktion von «Central

Sie schufen gemeinsam «Central Station»: Regisseur Walter Salles und Arthur Cohn.

Station» beteiligt) nach der Vorführung, die mit anhaltendem Applaus belohnt wurde. «Hier verbindet sich ein brillantes Skript mit wundervollen Schauspielern und einzigartigen Einfällen…»

«Ich habe geweint und gelacht», äusserte sich Disney's Buena Vista-Boss Jere Hausfater später an der Premierenfeier. Und einer der brasilianischen Pressevertreter machte Cohn das Kompliment: «Wir schätzen ganz besonders die eindrücklichen religiösen Szenen und Ihre respektvolle Hochachtung vor der katholischen Religion…»

«Ein Film in portugiesischer Sprache und englischen Untertiteln ist an US-Filmfestspielen alleine schon eine Sensation», meinte Anne Theyler, Filmkritikerin aus London, «aber hier gehen die Personen und Bilder mit dem Betrachter davon und machen sich selbständig – die Sprache ist somit sekundär…»

In Salt Lake City schneit es noch immer. Bob, der Driver, der von Big Arthur ebenfalls zur Feier in Redfords Restaurant «Zoom» eingeladen worden war, steckt das angerissene Eintrittsbillett sorgfältig in seine Brieftasche: «Das bewahre ich auf.

Fernanda Montenegro
und Vinicius de Oliveira
in «Central Station».

Das wird vielleicht ein Stück Filmgeschichte.»

Lebensweisheiten sind eben oft so banal wie das Leben selbst, und bei besonderen Gelegenheiten tut es gut, sich daran zu erinnern. Der neue Film des Basler Produzenten Arthur Cohn handelt auch davon. Die in bewegenden Bildern erzählte Geschichte angeschlagener Menschen in einer brasilianischen Alltagswelt holt sich unser Interesse auf direkte und einfache Weise: Er inszeniert Gefühle, die wir alle kennen und ihre Echtheit und Existenz nicht erst argumentativ beweisen müssen: Verlorenheit und Angst, Liebesbedürfnisse und Trotz, Lebensgier und Verzweiflung, Egoismus und Zuneigung, Scheitern und Hoffen.

Ein Neunjähriger, der soeben seine Mutter verloren hat, und eine in die Jahre gekommene Frau, die sich mit allerlei Lebenskram und einer funktionierenden, aber armseligen Existenz längst abgefunden zu haben scheint, erleben zusammen auf einer ziemlich chaotischen Reise durch Brasilien den Absturz in die schiere Ausweglosigkeit und die gemeinsame Wiederentdeckung neuer Möglichkeiten und Überlebenschancen.

Arthur Cohns Gespür, einen Stoff liegen zu lassen, bis er reif ist wie vollmundiger Camembert, zählt zu den Fähigkeiten des Weisen. Sein Geschick, ein sehr ernstes Anliegen geist- und humorvoll anzureichern, gehört zum Genialen. Sein «Sich-in-den-Zuschauer-Versetzen» beweist den Vollprofi. Und bei all dem Stress auch noch Freundschaften zu pflegen, offenbart seine tiefen menschlichen Gefühle. Natürlich kann ein Einzelner all dies und mehr nur tun, wenn er über dem zermürbenden Alltag steht. Zeitreisende stehen darüber.

Erich von Däniken

Der Film «Central Station» vermeidet mit Hilfe zweier grossartiger Hauptdarsteller jeden Hinweis auf mögliche, dem Leben im allgemeinen oder der Gesellschaft voranhelfende Heilswege oder Erlösungsstrategien. Vorgeführt wird schicksalshaftes Ausgeliefertsein pur. Leben als eine Achterbahn der Gefühle, in dem mit Sicherheit nur Glück und Schmerz als zwei Seiten der gleichen Sache existieren. Fatalismus ist das auch, aber mit einem

Premiere im Rahmen der Berliner Filmfestspiele: der Produzent mit Friede Springer.

ziemlich ausgeprägten Bewusstsein für die Komik und die Vergeblichkeit allzu grossartiger Menschenbilder.

«Central Station», und das ist wohl der Schlüssel für die offensichtliche Wirkung und den damit verbundenen Erfolg des Films, ist grosses Gefühlskino: schön auch noch in elenden Szenen, traurig und komisch zugleich, sentimental und grossartig. Und eine Liebeserklärung an das Land Brasilien dazu. Ein ergreifender Film über das Leben im allgemeinen und in Brasilien im besonderen. So, sagen wir nach der Premiere, ist das Leben!

Sternstunde in Beverly Hills

Plötzlich war kein Strom mehr da, doch der grösste Galaabend in der Geschichte der «Swiss-American Chamber of Commerce» in Kalifornien wurde trotzdem zum Highlight – zu einer Sternstunde in Beverly Hills.

Viele sagen, der Basler Tausendsassa mit den fünf Oscars könne die Bahn der Sterne für einen Moment still stehen lassen. Das mag übertrieben sein. Aber in Beverly Hills wäre es fast soweit gekommen: zwei Stunden, bevor The Swiss-American Chamber of Commerce zu ihrem prunkvollsten Empfang in ihrer fast 100-jährigen Geschichte eingeladen hatte, gingen im Nobel-Vorort von Los Angeles alle Lichter aus. Arthur Cohn, dem der Empfang und die Jahres-Ehrung als einer der grössten «Schweizer Botschafter im Ausland» galt, lächelte bescheiden: «Nicht das Licht der Scheinwerfer ist im Leben massgebend – wichtig ist das Licht, das man in sich trägt.»

Über so viel Grösse gerührt, liess der Manager des Beverly Hills Hotels sofort die Notstromanlage gegen das Dunkel anwerfen. Sein Nobelkasten schimmerte plötzlich im eleganten Candle-Light-Kleid. Und sein Kommentar: «Schliesslich wollen wir an diesem denkwürdigen Abend Arthur Cohns Leistungen unter das Licht stellen – Stromausfall hin oder her…». Angesagt war immerhin eines der grössten Happenings, das den Eidgenossen, die in Amerika leben, jeweils geboten wird: alljährlich ehrt die Schweiz-Amerikanische Handelskammer einen Eidgenossen, indem sie ihn (und vielleicht auch einmal eine «sie»?) am Gala-Diner des Jahres auszeichnet und den Leuten vorstellt. Im letzten Jahr war Bundesrat Ogi zu Gast. Vorletztes Jahr haben die Members dem Schweizer Astronauten Nicollier applaudiert. Und nach diesen beiden letzten Events liessen die Anmeldungen für den «very special guest» Arthur Cohn das Herz des Chamber-Board-Direktors in Vorfreude Salti schlagen – entsprechend verkündete er auch gleich die Statistik und die Zahlenfacts: «Bei Nicollier waren wir 100, bei Bundesrat Delamuraz 80, bei Bundesrat Ogi 120 – das war dann der Rekord. Und heute sind für Arthur Cohn bereits 250 Anmeldungen eingetroffen… da können wir nur noch hoffen, dass Beverly Hills ein Licht aufgeht…»

Doch noch dümpelt das Notlicht. Und der Chef-Koch des rosigsten Hotels der Welt ist einem Nervenzusammenbruch nahe: vegetarische Tomatensuppe, Cäsar Salat, Sole-Filet und Papaya-Sorbet im Caramel-Bretzel-Körbchen. Nun scheint das Sorbet davonzulaufen, bevor die Gäste anmarschieren. «Und sollen die Leute den Fisch roh essen‽!» schreit er den Direktor an. «Wie bekomme ich 250 Fische gar, wenn der Dampf draussen ist – tell me!»

«Ich kann schliesslich nicht hexen…» versucht der Hoteldirektor die aufgeregte Herdplatten-Primadonna zu besänftigen. Doch siehe da – in diesem Moment, wo das Hotelpersonal mit Stablampen bewaffnet die ersten Chamber-Members empfing, wurde es plötzlich hell. Das riesige Murano-Bouquet am Himmel der gigantischen Apéro-Halle erblühte in vollem Schein. Los Angeles hatte das Licht wieder – und einen strahlenden Arthur Cohn, den es nun zu ehren galt.

Chamber-Präsident Roger Wacker durfte zahlreiche VIPs begrüssen, darunter Ehrengäste wie etwa Botschafter Thomas Borer, Generalkonsul H. P. Egger, den führenden Krebsspezialisten Dr. Arie Belldegrun, den Vorsitzenden des Dachverbandes amerikanischer Drehbuchautoren, Daniel Taradash, die englische Schauspielerin Helena Bonham Carter und «Shine»-Star Armin Mueller-Stahl. Vorher wurde dem Protokoll Genüge getan. Links flatterte die Schweizerfahne, rechts das amerikanische Sternenbanner. Der Schweizer Bankenmann stand wacker in der Mitte. Schaute beim Ablassen der eidgenössischen Hymne (ab Band) zum Kreuz. Dann bei den Klängen der amerikanischen Töne nach rechts. Daraufhin: Begrüssungsrede und Tomatensuppe – letztere wunderbar im letzten Moment doch noch stromerhitzt.

Wacker, ein wichtiger Mann der Bank Bär in den USA, ging in seiner Laudatio

Helena Bonham Carter: für
ihre Rolle im Film «The
Wings of the Dove» wurde
sie für den Oscar nominiert,
mit dem Film «A Room
with a View» begann die
Weltkarriere der Schauspielerin aus London.

Armin Mueller-Stahl, berühmt durch seine Rolle im Film «Shine»: ein gern gesehener und aufmerksamer Gast.

auf die Verdienste Arthur Cohns im Ausland ein: «Cohn ist der eigentliche, wahre Kultur-Botschafter der Schweiz…»

Er zeichnete den Basler Filmproduzenten auf sympathische Weise – später legte man als kleines «Entre-met» ein Video über die Verleihung des «Star of Fame» an den Basler ein.

Höhepunkt des Abends waren dann der Ehrengast und seine Rede. Süffig und witzig skizziert Cohn die verschiedensten Stationen seiner Filme. Er schiebt Anekdoten ein – etwa, wie er erst nach dem vierten Oscar in der Schweiz bekannt geworden sei: «Ich habe während eines Flugs Serge Lang, dem legendären Rad- und Skisport-Experten, zu erklären versucht, dass die Authentizität eines Films das wichtigste sei und man beispielshalber für einen Ski-Film nicht Sharon Stone oder Bette Midler auf die Bretter stellen sollte, sondern da eben aus Echtheitsgründen eine Maria Walliser nehmen müsse. Daraufhin hat der Blick zwei Tage später getitelt: ‹Hollywood will Maria Walliser› – und die Schweiz hat erstmals etwas in ihren Zeitungen über Arthur Cohn gelesen.» Cohn ging auch auf den Neid der Eidgenossen – oder eben der «Neidgenossen» – ein: «Was in der Schweiz über

Der Festsaal des Beverly
Hills Hotels: Schweizer Gala
mit Rekord-Beteiligung.

Arnold Kopelson und Gattin
Anne: Herzliches Wiedersehen
mit Arthur Cohn. Kopelson
produzierte Welterfolge wie
«Platoon», «Seven» und «The
Terminator».

dem Mittelmass steht, ist immer suspekt. In der Hektik und Sorge des täglichen Lebens scheint den meisten die Bereitschaft zur Mitfreude am Erfolg anderer zu fehlen. Der berühmte englische Regisseur David Lean hat mir einmal gesagt: ‹Deinen grössten Erfolg hast du erst, wenn du den Neid der andern überwunden hast…›»

Die Tour d'Horizon des Geehrten endete mit einem Dank an seine Mentoren (darunter die wichtigsten: seine Eltern) – aber auch mit einem Dank an das Publikum, welches seine Filme immer wieder gewürdigt habe, obwohl er auf Kommerzknüller mit Sex and Crime stets verzichten konnte: «Ich glaube, dass das Publikum gescheiter und einfühlsamer ist, als man uns immer weismachen will.»

Standing Ovations, ein Besucher-Rekord und ein Tinguely-Buch waren der Dank an Arthur Cohn. Draussen vor dem Beverly Hills Hotel funkelten wieder tausend Glühlämpchen in Bäumen und Büschen. Das Licht ist nach Beverly Hills zurückgekehrt.

Arthur Stories

Von Liv Ullmann

Arthur Cohn ist anders als alle anderen Menschen, die ich kenne – oder noch kennenlernen werde. Es ist mehr als 20 Jahre her, dass ich Arthur zum ersten Mal in meinem Leben begegnet bin. Ich werde es nie vergessen. Ich kam zum ersten Mal in meinem Leben nach Hollywood. Ich war für einen Oscar nominiert, und ich fühlte mich schon bei meiner Ankunft wie die Unschuld vom Lande in dieser riesigen Stadt. Es gab einen grossen Empfang einen Tag vor der Oscar-Nacht, und jemand kam auf mich zu und sagte: «Mae West will Sie sprechen.» Ich war so beeindruckt. Mae West – der legendäre Filmstar! Gestützt von zwei Männern, kam sie auf mich zu und gab mir die Hand. Aber als sie ging, hörte ich sie sagen: «Wer, zum Teufel, war denn das?» Ich fühlte mich noch schlechter als zuvor und wäre am liebsten vom Erdboden verschluckt worden. Ich stand in einer Ecke, und dann sah ich einen Kellner, wunderschön angezogen, so wie die Kellner auch in Norwegen angezogen sind. Ich bat ihn um einen Drink – und er brachte ihn mir sofort. Ich stand den ganzen Abend in der Ecke, keiner sprach mit mir, nur der nette Kellner, der mir später noch einen Drink brachte.

Am andern Tag ging ich an die Oscar-Verleihung und traute meinen Augen nicht. Ich gewann keinen Oscar – der Kellner gewann ihn!

So lernte ich Arthur Cohn kennen – und es war der Beginn einer einzigartigen und tiefen Freundschaft. Und alle, die das Privileg haben, mit Arthur Cohn befreundet zu sein, wissen, was das bedeutet. Diese Freundschaft ist so intensiv, so

Liv Ullmann gratuliert
zum Ehrendoktortitel der
Bostoner Universität.

grosszügig, dass ich für lange Zeit glaubte, dass ich die einzige Person in seinem Freundeskreis sein muss! Arthur schenkte nicht nur mir seine Freundschaft, er bezog meine Familie mit ein. Meine Mutter, die oft am Telefon etwas zurückhal-

tend war, war plötzlich von Freude erfüllt und sagte, dass sie gar nicht wusste, dass ich sie so liebe. Sie dankte für die wunderschönen Blumen, die sie oft erhielt – aber die Blumen hatte ihr Arthur gesandt! Als ich ihn darauf ansprach, meinte er nur:

«Deine Mutter muss doch wissen, wie sehr du sie liebst. Und wenn du keine Blumen schickst, tue ich es eben.»

Und als er sah, dass die Beziehung zwischen mir und meiner damals 13jährigen Tochter nicht mehr so gut war, arrangierte er eine Reise nur für uns beide nach Kenia. Es war die schönste, die aufregendste Reise meines Lebens. Und meine Tochter und ich kamen uns wieder nahe – bis heute besteht die Harmonie, die damals neu entstand und die wir nur Arthur zu verdanken haben.

«Arthur Stories» nenne ich die Erinnerungen, die mich für immer mit ihm verbinden. Eine dieser Stories werde ich – wie natürlich alle – nie vergessen. Ich musste, ich lebte damals in Boston, für einen chirurgischen Eingriff ins Spital. Arthur wusste, dass ich grosse Angst davor hatte. Kurz bevor mich mein Mann ins Spital fahren wollte, klingelte es an der Tür. Arthur war da. «Ich habe nur wenig Zeit, ich bin soeben angekommen», sagte er, «und das Flugzeug in die Schweiz fliegt in 90 Minuten wieder zurück.» Aber er kam von Basel nach Boston, um mir Glück zu wünschen, um mir zu sagen, dass er an mich denkt. Er kam für einige Minuten nur, er kam ohne Gepäck, nur ganz kurz. Diese «Arthur Story» wird mich mein Leben lang begleiten.

Und auch diese: Ich führte für einen Film in Dänemark Regie. Plötzlich, während der Dreharbeiten, kam ein Mann. Er trug einen Regenmantel und zwei grosse, schwere Koffer. In der Drehpause, als das ganze Team an Tischen auf das Essen wartete, verteilte Arthur jedem eine Schweizer Schokoladenspezialität. Er holte sie aus den grossen Koffern und gab sie persönlich jedem in die Hand. Jedem: dem Beleuchter, dem Kabelträger, den skandinavischen Stars. Als ich ihnen nachher erzählte, dass der Mann aus der Schweiz ein fünffacher Oscar-Preisträger war, fielen sie fast um.

Arthur ist ein Teil meines Lebens geworden. Oft nenne ich ihn «ein Herz auf zwei Beinen». Und als er den «Star of Fame» auf dem Hollywood Boulevard erhielt, sagte ich: «Jetzt, endlich jetzt, sind die anderen Sterne auf dem Boulevard in edelster Gesellschaft.» Arthur ist ein Mann, der an die Schönheit seiner Träume glaubt. Mit der Verwirklichung seiner Träume hat er uns alle bereichert.

Das ist die wahre Schönheit seiner Träume.